ちくま新書

就活エリートの迷走

豊田義博
Toyoda Yoshihiro

JN263605

880

就活エリートの迷走【目次】

「主観」情報という偏り／面接では、何がわかるのか？／学生の演技を生み出す高度なハウツウ／その場で人格を作るという離れ業／空転する新人研修のディスカッション／人間関係の格差は、「コミュ力」によって生まれる／面接は、「コミュ力」発揮の最高の舞台／「真の自己」が消失していく／社会への不信というトリガー／「不信」と「ゴール志向」によるネガティブスパイラル／「スター願望」の正体

第五章　会社に〝恋〟をするという不幸　149

終身雇用志向の急増が意味するもの／2004年は、キャリア・リスク元年／第一志望企業の意味が変わってきた／「愛社精神」には、三つの顔がある／会社説明会で涙を流す学生／リアルのようで、リアルではない情報／「人」というメディアによって増幅するゴール志向／採用コミュニケーションの主戦場の変容／その情報には、「その会社らしさ」が宿っているか

序章　あれから13年がたった。

†13年前の大英断

「協定廃止でブレイク！……『就職自由化』時代がやって来た」

　1997年4月。店頭に並んだリクルート発行の就職情報誌「就職ジャーナル」の表紙を大きく飾ったタイトルだ。日経連（日本経営者団体連盟、現在の日本経済団体連合会＝日本経団連の母体組織のひとつ）会長・根本二郎氏（当時の日本郵船会長）の大英断により、40年以上続いた就職協定の歴史に幕が降ろされ、大混乱の中で迎えた就職活動シーズン。当時、編集長だった私は、これまでの状況の違いに戸惑う大学生たちに、強くエールを送りたかった。

「君たちは、これまでの先輩達と違って、情報が開かれた公平・公正な環境で就職活動ができるのだ。この素晴らしい変化を活かして納得の行く就職活動をしてほしい」

そんな想いを胸に、私も編集部員も少し興奮しながら本を作っていた。

それまでの新卒採用活動・就職活動は、一言でいえば「抜け駆け合戦」だった。就職協定によって定められた解禁日（学生と企業が接触を開始することを許される日。廃止直前は、会社訪問解禁日が7月1日、採用選考開始が8月1日前後、採用内定開始が10月1日と決まっていた）よりはるか前から、当時の大手企業、人気上位の企業の多くは水面下で学生との接触を始めていた。東大、一橋、早慶といった高偏差値大学の学生の一部にはリクルーターと呼ばれる先輩たちがアプローチし、優秀と目をつけた学生を緩やかに囲い込んでいた。そして、解禁日より前に、ある企業がいっせいにめぼしい学生に内定を出し始めるのを契機に、就職戦線の火ぶたは切られる。各社も負けじと学生の取り合いを始める……Xデーとよばれるその日は、ニュースになることもなく、多くの学生に知られることもなく訪れ、市場の動向を支配していた。そして、何も知らない学生が会社訪問解禁日に訪れても、採用されるチャンスはほとんどなかった。人気企業の採用活動は解禁日前にほとんど決着がついていた。

就職協定という規制の背後で、一部の企業、一部の学生だけの活動が進み、何も知らずに規制＝ルールを守る「正直者がバカを見る」という実情。それが、就職協定があった頃の採用活動の正体だった。規制が形骸化し、意図せざる動向を生み出し、大卒採用市場は長期にわたって歪んでいたのだ。

その形骸化した協定を廃止する、という大英断がついに下された。そして、規制の撤廃と同時に企業には「情報公開」が強く求められた。いつ、どのような形で採用活動・選考活動を行うか、誰にでも分かるように情報を公開することが要望された。

大卒採用市場は間違いなく良い方向に変わり始めた。学生と企業が、一斉にかつ短期間で相手を決めるそれまでの「集団お見合い型」の就職・採用活動（ただし、めぼしい企業・学生はそこにはいなかったのだが）から、学生と企業が、出会いたい時に、さまざまな形で出会い、お互いを見極めていく「自由恋愛型」の就職・採用活動への大変革が始まった。5年後、10年後には、これまでの歪みや不公平さは、消失していくにちがいない……

当時の私は、そう強く確信していた。

†ゲーム化し始めた就職活動

「早くもらえば勝ちですか。たくさんもらえば勝ちですか。」

このキャッチフレーズも、前述の「就職ジャーナル」の中に、編集部からのメッセージとして掲載されていたものだ。

当時すでに、大手企業、有名企業の内定をいち早く獲得した学生やいくつもの企業から内定を獲得した学生には「勝ち組」という称号が、内定がなかなか獲得できない学生には「負け組」というレッテルが貼られていた。就職氷河期の真っ只中、多くの学生が苦戦を強いられる中で、就職活動は結果を争うゲームの様相を呈し始めていた。まるで大学受験と同じように、企業に偏差値がついているかのように。そして、このような二極化現象は、自由化が進めば、より顕著になることが予想された。

この風潮を何とかしたかった。就職活動は、勝ち負けじゃない。能力の高い人間から、人気上位の企業に入社していくような序列の争いをするものではない。大切なのは、結婚や恋愛と同じように縁や出会いであり、相性である。リクルートにおいて大手企業から零細企業まで多くの企業の新卒採用のお手伝いをする仕事を何百社と担当する中でそう確信していた私は、記事の中で、あるいは大学生への講演の機会を通じて何度となく繰り返しメッセージしていた。

あれから13年がたった。私の確信はものの見事に打ち砕かれた。新たな採用手法の登場などによって自由化に向かいかけた大卒の就職市場は、いつのまにかパターン化、画一化し、就職協定があった時代よりはるかに硬直化してしまった。大手企業から中小企業まで、多くの会社が、ほとんど同じようなスタイルで同じような時期に採用活動を行い、マニュアル本、対策本がすさまじい勢いで増殖した。かつては色、スタイルとともにある程度のバリエーションがあったリクルートスーツも、いつの間にか黒一色になってしまった。

そのように硬直化・マニュアル化し始めた頃に生まれたのが「就活」という言葉だ。就職活動を略した言葉ではあるが、立派な固有名詞である。就職情報サイトにエントリーして、自己分析をして、エントリーシート作りを工夫して、就職試験や面接の対策を講じて、同じようなファッションを身にまとって……このようにパッケージ化された大学生の就職活動のことを指している。転職やアルバイト探しのように自分が必要な時に自分なりの方法で行う求職活動に「就活」という言葉は使わない。

つまり、この言葉は、自由化とは全く正反対の状況から生まれた言葉だ。職業選択の自由が憲法で謳われ、何の法的規制もないにもかかわらず、勝ち負けが問われ、ガチガチのルールで定められたかのような就職活動のスタイルにつけられた名称だ。

一方で、二極化に関する私の懸念は、杞憂には終わらなかった。大学を出ても、働きも学びもしない「新卒無業」が激増し（この事情は、私が所属するリクルート ワークス研究所の所長・研究員の手による書籍『新卒無業。——なぜ、彼らは就職しないのか』〔東洋経済新報社、2002年〕に詳しい。私も著者の一人として加わっている）、格差問題がクローズアップされた。2004年以降にニート、ワーキングプア、ロストジェネレーションといった言葉が普及したことは、記憶に新しいだろう。

しかし、これらは私の予想を著しく超えるものではなかった。過去に例があるからだ。昭和恐慌によって失業率は30%を超え、今とは比べものにならないほど混乱した時代があった。映画『大学は出たけれど』の主人公は、当時の大卒というごく一握りのエリートでありながら、職探しに奔走していた。オイルショック時には大企業の採用停止が相次ぎ、モラトリアム大学生を大量に生み出した。当時ヒットしたテレビドラマ『俺たちの旅』で主演の中村雅俊が演じた主人公・カースケの生きざまはフリーターそのものであった。

いつの時代も、景気動向に新卒採用は大きな影響を受け、社会現象をもたらす。バブル経済後の混迷もなにがしかの傷痕は残すだろう。そして、それまでの時期とは異なり、日本という国がすでに国際社会でのトップランナーとなり、かつ成熟社会を迎えつつある中では、これまで以上の痛みを伴うことになるかもしれない、とは感じていたのだ。

†「勝ち組」の挫折という想定外の事態

予想だにしなかった変化は、ここ数年間のうちに現れ始めた。有名企業・人気企業に早いうちからたくさん内定をもらい、第一志望企業へと就職していった「勝ち組」の新人・若手に大きな変調が現れ始めた。期待した成果が全く上がらない、早期に離職していく、メンタルに変調をきたす……そんな人たちが続出し始めたのだ。

この原因は、大手企業に今も残存する旧弊なシステムにある、という指摘がある。城繁幸氏は、著作『若者はなぜ3年で辞めるのか？』の中で、大企業に今も強く残る年功序列システムを昭和的価値観の体現だと指摘し、閉塞感を抱きながらも昭和的価値観から逸脱できない若者が苦悩し、早期離職していると喝破する。確かに、90年代末から急増した大企業からの早期離職にはそうした兆候が見られた。日本企業は「失われた10年」の間に、成果主義人事制度の導入に代表されるように、さまざまな組織・人事改革を断行したが、根幹を成すタテ序列システムの変容を実現できた企業は、ほんの一握りに過ぎない。

しかし、ここ数年の変容はそれでは説明がつかない。その迷走は、年功序列システムがもたらす閉塞感を抱く以前に噴出している。それに、今の新入社員・若手社員には、もはや昭和的価値観は組み込まれていない。同書に登場する城氏の同級生や取材対象者に共通するような、階段を着実に登っていき安定した人生を獲得したい、というような欲求は消失している。そして、迷走し、挫折していく彼らに共通するのは、就活にあたかも受験対策をするかのように真面目にコミットし、しっかりと結果を出し、意中の企業に入社を果たしていくという実態である。

そんな彼らを、この本では「就活エリート」と呼びたい。「就活」というゲームに勝ちながら、肝心の社会人生活のスタートでつまずいてしまった就活エリート。彼らに何が起きているのか。

本編に入る前に、その答を簡潔に示しておこう。

就活エリートの迷走の原因は、就活というゲームの中にある。このゲームの抜本的なルールを改変しないと、いや、ゲームであることを中止しないと同様の犠牲者が今後も次々と生まれてしまうのだ。

序章を締めくくるにあたり、本書の構成を提示しておきたい。

第一章では、「就活エリートの迷走」の実態についてお伝えしたい。名だたる人気企業、有名企業が抱えている状況を、現場の声などをもとに概観していく。

第二章では、就活エリートの迷走を引き起こしている「就活」の現状と系譜を俯瞰したい。今日のようなシステムに収斂した背景や経緯の中に、この問題の核心のひとつがあることがお分かり頂けるはずだ。

第三章では、原因の中核である「自己分析・やりたいこと探し」に注目する。就職活動とはやりたいこと探しであるという定説、自己分析から始まるその実態に迷走を引き起こすメカニズムが潜んでいる。ポイントとなるのは、アイデンティティの解体である。

第四章では、原因のもうひとつの核である「面接」にスポットを当てる。現在の大卒の選考方法は面接という手法に極端に偏ったものになっている。それと現代の若者のコミュニケーション特性が絡み合い、面接の場は空転し、実効を失い始めている。

第五章では、「採用コミュニケーション」に着目する。ここ数年の新入社員の中には、入社した会社に「恋」をしてしまっている人が数多く見受けられる。愛社精神ならぬ「恋社精神」が、迷走の引き金になっている。その感情の形成過程を明らかにしたい。

終章では、就活エリートの迷走を生み出している就活システムの変革に向けての提言をしたい。その内容は、多くの方が指摘する採用活動時期の規制という話ではない。そのような施策では、この問題は全く解決しないのだ。

第一章

優秀な若手を襲う「キャリアの危機」

†人気企業の新人・若手に、何が起きているのか

「2：6：2の下の2が、8になってしまっているわけです」

人材採用や人材育成、人事制度構築などを支援する企業・リクルートマネジメントソリューションズのシニアコンサルタント・桑原正義氏のコメントだ。大手企業、人気企業をクライアントに持つ彼は、2：6：2の法則（どんな組織・集団にも、2割の優秀な人材、6割の中庸な人材、2割の無能な人材が存在する）を引き合いに出しながら、最近の新人・若手に関する相談内容の変化を以下のように語ってくれた。

「いつの時代も、新入社員や若手社員に関する相談はあります。「新入社員研修の内容を見直したい。従来のやり方では、動機づけが十分になされなくなってきた」とか、『現場のマネジャーから、もっとしっかりと知識を教え込んでから配属しろ、という要望が増えている」とか。内容はさまざまですが、上位2割の人材に対するモチベーションアップ施策とか、中間層6割のレベルアップ施策のように、部分的なチューニングをして全体のレベルを維持・向上する、という意向だったわけです。これまでは」

その意向に変化が出始めたのは、ここ数年だという。

「育ちにくい、会社に来なくなる、そして辞めてしまう。これを私は「新人若手三重苦」と呼んでいるのですが、実に多くの会社から新入社員や若手の育成に関するこのような悩みが持ちかけられるようになりました。今年の新人は大変だ、採用したうちの8割の新人が戦力にならない、というのです」

これまでの新入社員や若手社員に期待してきた成果、これまでの新人・若手があげてきたような結果や成果をあげられるのはほんの一握り。大多数の新人が、思うように育たない、メンタルに支障をきたして休職する、そして辞めていってしまう。優秀な人材を採用しているはずなのに、ローパフォーマーが下位の2割ではなく全体の8割を占めている。悩ましさは推して知るべしだ。

この手の話は、優秀な大卒がなかなか採用できない中堅中小企業や不人気企業には以前からあった。

「挨拶ができない」「指示待ち」「ちょっと厳しくしたらすぐ潰れる」「すぐ辞める」「仕事を託すと「教わっていない」「私には無理です」と拒否する」

これは、私が新人・若手の変容に着目して実施した「世代間就業観調査（リクルートワークス研究所　2003年）」で、30－50代のビジネスパーソンに新人・若手の印象を聞いたときの回答の一部だ。その頃にはすでに、これまでのマネジメントでは対処できない「困った大卒」は急増していた。大学生のレベル低下に端を発する問題だ。

だが、大学生のレベルは平均すれば下がっているが、上から下まで全体的に下がっているのではない。15年前、20年前では考えられなかったような「社会人顔負けの経験」をしている優秀な大学生も増えた。上下に分散したのだ。大卒就職市場でも、どこからも内定を取れない学生がたくさんいる一方で、何社もの内定を獲得する学生も存在する。二極化といわれる現象だ。そして、人気企業、有名企業に入るのは、何社もの内定を断ってその会社を選んだエリート学生ばかりだ。

しかし、そのようなエリート学生を採っているはずなのに、その8割がローパフォーマーになってしまうような事態が起きている。それも、いくつもの会社で続出しているというのだ。

同様の話は、企業からも聞こえている。仕事柄、多くの人事の方と情報交換するのだが、彼らから、新人・若手に関して以前にも増して厳しい声を聞くことが多くなっているのだ。彼らが成果をあげることができないのはなぜなのか。その要因・背景を尋ねていくと、明らかな傾向がある。それは大きく三つに分けられる。

一つ目は、失敗を極度に恐れるというものだ。

正解をほしがり、失敗を嫌う。明らかな正解と分からないと、やりたがらない。多くの仕事には正解はないし、やってみないとわからないことがよくあるが、とにかく前に進んでみろといっても怖がって前に進まないのだ。負けたことも糧になるはずなのに、その想像もできないという。

失敗を全然してきていないのではないかという意見も多い。順調な時はいいが、厳しい局面を迎えると、リカバリープランが立てられない。そして、失敗すると落ち込み、負のスパイラルに陥るのだという。

二つ目は、自分の能力を棚に上げて、要求ばかりするというものだ。あれがやりたい、これがやりたい、それはやりたくないという根拠のない主張が実によく聞かれるのだという。そして、その主張・要求は、当然通らないわけだが、通らないことに強い不満を表すというのだ。

三つ目は、自分が思い描いた成長ルートから外れるとモチベーションが急落するというものだ。自分自身の成長発展を強く意識し、その道筋についても、自分なりに思い描いている。そして、そこから少しでも外れると、自分はもうだめだ、となってしまう。とても偏狭なキャリア・イメージが強く窺える。

こうした声は、誰しもが知っている人気企業、有名企業から寄せられたものだ。エリートであるはずなのに成果が出せない彼らに対する問題意識は、日本を代表するような企業の中で急速に高まってきている。

†人材バンクに訪れる「第二新卒」に異状アリ

転職市場でも、「第二新卒」と呼ばれる、社会人1－3年目までの若手の転職状況に変化が起きている。転職支援企業で登録者と面談し、転職相談に乗り、企業の紹介を行うキャリア・アドバイザー達と何度かディスカッションしたが、彼らの感触ではその変化は2007年ごろからだという。

「それまでの登録者の多くは、ひとことでいうと『ちゃんと就職活動をしなかった人』だったんです。業界研究や企業研究をあまりせず、応募した企業数も少ない。周りが就活しているから自分もしなくちゃ、と、あまり深く考えずに活動し、それなりに知名度もあるし、とか、まあまあ大きい会社だし、というような理由で適当なところで手を打ってしまった……そういう人が、今の会社や仕事がしんどい、自分にはあってない、と感じて相談に来るわけです。もちろん、今もそういった人たちの応募が多くを占めてはいるんですが……」

ところが。社名からも、卒業大学からも、どう考えても就活の「勝ち組」である新人・若手の登録が散見されるようになってきたという。

「その応募のきっかけが、なんだか軽いんですよね。ここでは成長できなさそうだという声は多いのですが、話を詳しく聞いても、どうしてそう感じているのかがよく分からない。たとえば、予想していたような研修がなかったから、だったりするんです」

「応募の直接のきっかけが、大学時代の友人との会話であるケースが多いんです。別の会社へと進んだ友人同士でよく会っているみたいで、「うちではこうだよ」「えっ、オレの会社では、違うよ」というような会話から、「自分の入った会社は、なんかおかしいのではないか……」と思ってしまうみたいで……」

まるで就活の延長のように、応募に来るのだという。

大企業からの若手人材の流失は、1990年代後半から顕著になり始めた。大卒者は80年代から、3年で3割以上が会社を辞めていたのだが（90年前後は、バブル景気で分不相応な大企業に入社できた人たちが辞めなかったことも手伝って、2割程度に低落したが）、90年代の中盤までは、大手に入った人は辞めていなかった。それが増加を始めたのは、山一證券の自主廃業というショッキングな出来事が起きた98年ごろから。特に再編、合従連衡が続いた金融界においてその動きは顕著だった。3年目までの離職率が3割を大きく超えている、という大手都市銀行もあった。

こうして、大企業の社会的信用の低落とともに、若手の中には「会社は頼れない。自身のキャリアは自立的に作るもの、そのためには転職もいとわない」という考え方が浸透し始めた。

また、この世代は、新卒時の就職環境が厳しかったこともあり、意中の会社に入社を果たせなかった人も少なくない。序章で紹介した城氏の著作『若者はなぜ3年で辞めるのか?』や、稲泉連氏のルポルタージュ『仕事漂流――就職氷河期世代の「働き方」』に登場するのは、このような背景と意識を持つブランド大学卒・大手企業からの転職組だ。

しかし、ここ5−6年で、その様相は一変した。就職環境は劇的に良化し、民間企業の求人総数はバブル期をはるかに上回った（リーマンショック以降は大きく低下したが、採用予定数は90年代後半よりはるかに多い）。新入社員の多くは、入社した企業に愛着を感じ、そこで一生働きたい、と思うようになってきた（この興味深い現象については、第五章で深く探索したい)。

そのように変化しながら、若年離職の問題は解消されていない。リーマンショック以降は、企業業績の悪化から解雇同然の扱いを受け、しかたなく相談に来るという若手も急増したが、前述のような「就活の勝ち組」の第二新卒組は変わらずに散見されている。若年の早期離職の実態は、ここ数年で変質したのだ。

†「スター願望」という心性

先ほど紹介した三つの要因・背景の話に戻りたい。

「自分の能力を棚に上げて、要求ばかりする」という話の典型は、初任配属に絡む問題だ。新人の時にどんな仕事を担当するか。自身のキャリアのスタートであり、重要な意味を持つ問題であることは、今も昔も変わらない。そして、本人の希望通りに配属される人は少数派であるという実態も、今も昔も大きくは変わらないだろう。多くの人は、意に染まぬ決定に不満を持ちつつも、受け入れ、そこに適応してきた。しかし、最近は、これが採めるのだという。「その配属であれば、会社を辞める」という発言も珍しくない。

以前からも、似たような話はあった。理系の学生が配属先の希望について強くこだわる、という話は、ずいぶん前からある（大学時代の専攻や研究内容を活かしたい、という当然の要望である）。また、勤務地に関する要求も10年ほど前から高まった。「どうしても東京で」「神奈川はいいが、茨城は困る」「なぜ大阪に配属してくれなかったのか」などなど。その多くは、生まれた場所、長く暮らしていた場所から通えるところ、という地元志向だ。実家から通える、というようなパラサイト志向も一部にはあるようだが、地元の高校時代の友達と離れ離れになりたくないというような自身の社会関係資本の維持に強いこだわりを持っている人が多い。三浦展氏も『下流社会』などの著作の中で、真性団塊ジュニア（70年代半ば、後半生まれ）の地元志向の強さを指摘している。

しかし今、配属関係で起きているのは、そうした根拠のあるものではない。専攻や過去の経験、地元就職のような根拠はないにもかかわらず、自分の意向を受け入れてほしいと強く望むのだ。

「自分が思い描いた成長ルートから外れるとモチベーションが急落する」という声の背後にあるのも配属あるいは異動の問題だ。入社する会社の部署や業務内容を詳しく知っていて、最初はどの部署、次はこんな部署や職種、とピンポイントの一本道のようなキャリアを想定している人も少なくない。そして、初任配属やその後の異動で少しでも自分が想定した軌道から外れると、極端にモチベーションが低下してしまう。

何より不思議なのは、自分はそのコースに就ける、その仕事をさせてもらえるはずだ、そこで結果が出せるはずだ、という強い思い込みを持っているという点だ。

自身にはすでに高い能力が備わっていて、自分が望むものは得られるはずだ、という強い確信。そして、そこで成果を出していけるはずだ、という強烈な自信。「スター願望」とでも形容すべきこの思い込み。自らの努力なしに、すでに賞賛されることが予定されているかのようだ。

しかし、スター願望は、往々にして打ち砕かれる。自身の希望が叶う確率は低く、また、希望が叶ったとしても、自身のイメージしているものとの乖離は大きい。

こういう人は昔にもいた。程度の差はあっても、こうした「ワガママ」をいう人はいた。そして、自身の希望が脆くも崩れ去ったり、希望通りであっても想定していたイメージではなかったり、つまり現実に直面し、リアリティ・ショックを受けながらも、それを受け入れ、現実に適応していった。

ところが。今の新人・若手は、適応できないのだ。現実が受け入れられない。目の前にある仕事にきちんと向き合えない。本気になって取り組めない。必然的に、成果は上がらない。その時に、彼らが決まっていうセリフがある。

「ここじゃなかったら、もっといい仕事ができるはずです!!」

悪いのは自分ではない。悪いのは意に染まぬ仕事につけた会社である、自身の適性や能力が分かっていない上司や先輩である……彼らの頭の中にあるのは、こういう思考回路だ。そう、明確な他罰意識に支配されているのだ。

†新型うつにかかってしまった若手のつぶやき

従業員のメンタルヘルスへの対応をしている人事担当者も、これと似た発言をよく耳にするという。

「うつ病にかかってしまった若手と面談していると、みんな同じようなことをいいますね。「こんなはずじゃなかった。もっと活躍しているはずだった」とか、「違う部署に行けば、きっと頑張れる」「自分に向いているところに異動したい」とか」

メンタルヘルスへの対応は、いまや企業の組織人事課題の中核である。リクルートワークス研究所の調査では、ここ10年のトップ課題である「次世代リーダーの育成・採用」に次いで「従業員の身体や心の健康」が2番目にランクインしている。そして、広範囲な

図表1-1　企業の組織人事課題トップ10

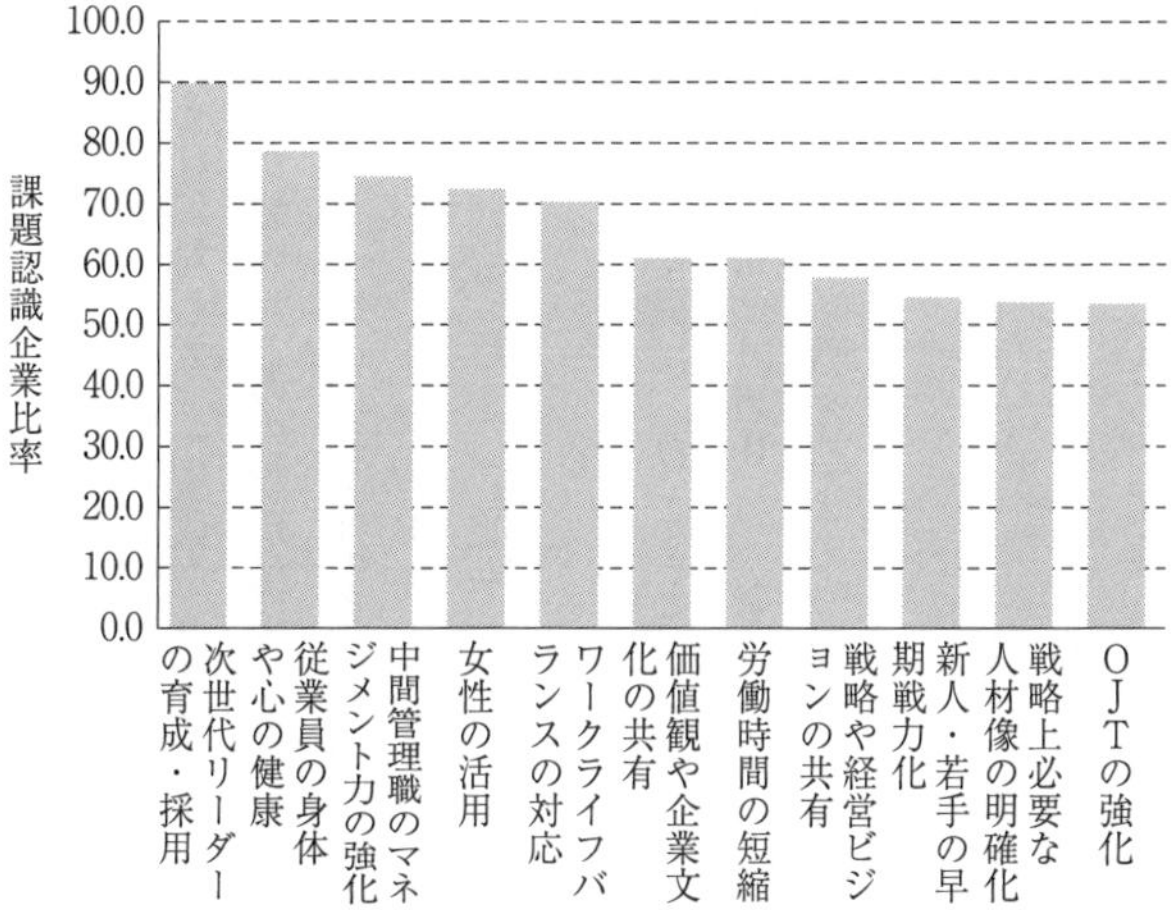

（出所）人材マネジメント調査2009／リクルート ワークス研究所

年代で発症していたうつ病の中でも近年特に注目されているのが、新型うつ、現代型うつと呼ばれるものだ。正式名称は「ディスチミア親和型うつ病」といい、特に20代の若手に発症するケースが多いという。

精神科産業医である吉野聡氏の著書『それって、ホントに「うつ」?』から、そのくだりを引用しよう。

「従来型うつ病」の大きな特徴は、自責感の強さです。過重労働をはじめとする職場のストレスでうつ病になってしまったにもかかわらず、「自分の能力が足りなくてこのような病気になってしまい、本当に会社には申し訳ない」など、会社や同僚に対する謝罪の念が強いという特徴があるのです。

それに対して、「現代型うつ病」では、「あの会社が悪い」「あの仕事が悪い」「あの上司が悪い」「あの職場環境が悪い」などと、自らの内省はさておき、自分の置かれた好ましくない現状を他者のせいだと責任転嫁する傾向があります。そのため、よく「○○部だったら自分の能力が発揮できたのに」などと、周囲の環境変化に事態の突破口を見出そうとします。

新型うつの特徴は、ひとことでいえば、この「他罰性」にある。

精神科医・香山リカ氏は、著作『悪いのは私じゃない症候群』の中で、新型うつにかかった人への診察経験を踏まえつつ、この他罰性は精神病の世界だけではないと指摘する。

「悪いのは私じゃない」と必死に自分の正当性や責任のなさを強調しようとする人が増えている。そのせいで、自分も結局はさらなる窮地に陥り、「あなたのせいですよ」と責められた人との関係も悪くなる。それが広がれば、社会全体の雰囲気も悪くなる。

いわば、社会全体が「悪いのは私じゃない症候群」にかかってしまったかのようだ。

スター願望を強く持つ新人・若手と、新型うつになってしまった新人・若手の発言がここまで似通っているのは偶然とは思えない。両者の背後にあるのは同じ心性だと考えるべきだろう。

†キャリアの危機、成長の危機

「使えない」「扱いにくい」「潰れてしまう」という、困った存在としてとらえられている新人・若手たち。しかし、私は、このような集中砲火を浴びている若手を責めるつもりは全くない。彼ら自身が、深い悩み・葛藤を抱えていると感じているからだ。

ある人気企業の若手向けキャリア研修の講師をした時のことだ。事前に研修の応募者にアンケートを実施したところ、応募動機の多くには以下のような前向きなコメントが並んでいた。

「自分の今後のキャリアについてきちんと考える時間がほしい」

「今まで自分が学んできたこと、これから学ばなければならないことを明確にし、今後のキャリアに生かしたい」

「長期的にはどんなキャリアを描いていきたいのかを考えるいい機会にし、短期的にはゴールから見た時の普段の業務の位置付けや捉え方、考え方が変わり、モチベーションが高く日々の業務に取り組む機会になると思う」

「『こうなりたい』『こうしたい』という意思がなければ、飛躍的なステップアップは望めないのではないか」

参加者の多くは、3－4年目の若手社員だった。その若手が、これだけ主体的にキャリアと向き合っているという状況に、最初はうがった見方をしてしまった。人事部員や講師である私に読まれることを想定して、きれいごとを書いているのではないか、と。

しかし、これらの前向きなコメントの書き手は、同時に、現状に対する課題として以下のようなコメントを併記していたのだ。

「何をすべきなのかが見えておらず、どう動くべきなのかが不透明」

「自分が5年後10年後どうしていきたいのかが不明確なまま時間が経ってしまっている」

「このまま同じことを繰り返していたのでは成長できないと思ったから」

「漠然と日々の業務をこなし、頑張っているつもりでいることが最近不安です」

「日々の業務に追われるうち、なぜ転職を決め、この会社を選んだのか、ここで何を得てそれを次にどうつなげたいと思ったのか。そういったことが、どんどんおぼろげになっていっていることに危機感を感じている」

これらのコメントには、何ともいえない息苦しさのようなものが漂っている。入社して数年しか経っていないのにもかかわらず、先が見えない不安に苛まれている。あたかも、キャリアの危機、成長の危機に瀕しているかのようだ。目に見えない強力なキャリア・プレッシャーを彼らは感じているのだ。

しかし、実際の研修で対峙した彼ら・彼女らは、優秀であり、魅力的であり、そのうちの何人かの話からは、仕事においても高い成果をあげていることが窺われた。そのような彼ら・彼女らの内面に、このようなプレッシャーが組み込まれているのだ。

上の図をご覧になったことがあるだろうか。20代大卒の多くの人が、就職活動の際に一度は眼にした事があるだろう。

図表1-2　Will, Can, Must

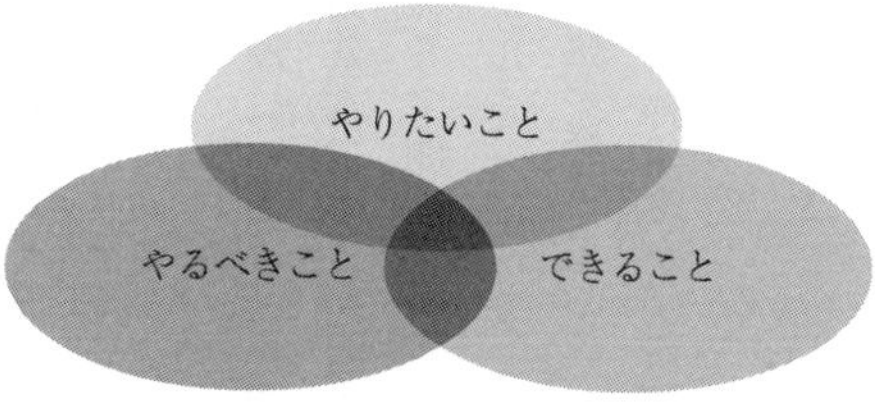

「自分がやりたいこと」「自分にできること」「その会社でやるべきこと」。この三つの交わりを探し出し、自身のキャリア・ビジョン、キャリア・ゴールを描こう。

簡潔にいえば、そのようなメッセージが織り込まれた図だ。一部ではキャリア・デザインの基本であるかのように語られているが、研究的なバックグラウンドはなく、組織開発、キャリア開発、組織文化などの領域で高い研究業績を上げたE・H・シャインが構築したモデルを一部改変したものだ（シャインのモデルでは「やるべきこと」ではなく、「やることに価値を感じること」となっている）。

この枠組みが、研修参加者の大半に意識的に、あるいは無意識のうちに価値規範として組み込まれている。その規範がプレッシャーとなり、規範通りに生きていない自身を批判的・否定的にとらえている。私は、なんともいえない切なさを覚えた。

そんなことに危機を感じなくてもいいのだ、目の前にある仕事に全力で取り組んでくれ。キャリアのスタートアップ期にいる今の君たちに必要なのは、目の前に次々と訪れる状況を受け入れ、自身がとりうる最高の対応を重ね、成果・失敗から学び続けることなのだ……。研修の終わりには、そんなエールを送った。そして、考え始めた。就活の「勝ち組」であるエリート達に、何が起きているのだろうか。

†「失われた20年」がもたらした負の環境

ハッキリいえるのは、彼ら就活「勝ち組」が、これまでのどの世代も経験したことのない状況、風景の中で仕事をしている、ということだ。

たとえば、仕事に関する変化だ。大企業の仕事は、この20年のリストラクチャリング（事業や組織の再構築。人員整理、雇用調整はその一部）、BPR（ビジネス・プロセス・リエンジニアリング＝業務フローの最適化・再構築。組織の分割・統廃合、IT化、アウトソーシングなどの施策につながる）によって激変した。新人・若手である彼らが担当する仕事は、毎日伝票をチェックするとか、新規顧客開拓の電話を一日中掛けているという、いわゆる雑巾がけ仕事、下積み仕事ではなくなっている。そういう仕事はアウトソースされていたり、非正規社員の仕事になっていたり、あるいはパソコンの仕事になっている。大企業の中には、複雑で難しい、前例のない仕事だけが残っている。

だから、それなりのことは任される形になるのだが、何か特定の専門知識さえあればできるというものではないし、どうやればいいか誰も答を知らないし、明快な達成基準がないから、できたという達成感も周囲からの評価・賞賛もなかなか得られない。

また、その仕事は、大きなビジネスシステムの、あるパーツに組み込まれているわけだが、業務が細分化しているので全体のつながりも把握しづらいし、自身の仕事の結果がどのような影響、成果を及ぼしたのかも実感しにくい。

これは、大変に苦しい仕事環境だ。モチベーションが上がりにくい構造だ。モチベーション理論の職務特性モデル（ハックマン・オルダム・モデル）では、以下の五つの要素がモチベーションを高めるとされている。

①技能多様性＝職務遂行に必要な技能のバラエティ
②タスク完結性＝業務全体への関与度
③タスク重要性＝職務の意義・価値の認識
④自律性＝職務遂行の自己裁量度
⑤フィードバック＝結果・成果の反響

大企業の新人・若手が担当している右記のような仕事には、多様な知識・技術が必要であり、かつ一定以上の裁量を与えられている。つまり①技能多様性と④自律性はある。しかし、それ以外の②タスク完結性③タスク重要性⑤フィードバックが十分に得られたり感じられたりする仕事とはいえない。⑤については、MBO(Management By Objectives=目標管理。成果主義の導入とセットになって各社に急速に定着した)に基づいた目標設定、結果の査定・評価、フィードバックを実施している、と思われるかもしれないが、ここで言っているフィードバックは業績評価や査定のことではない。お客様や関連部署からの「ありがとう」という声に代表されるような仕事結果に対する手ごたえを得られることである。今の新人・若手の仕事は「ありがとう」の声がもらいにくい仕事だ。

さらに、このモデルには以下の式が定義されている。

仕事そのものが人を動機づける程度

=(技能多様性+タスク完結性+タスク重要性)÷3×自律性×フィードバック

つまり、①+②+③、④、⑤のいずれかがゼロだとモチベーションは全く上がらない。責任ある仕事を任されているからモチベーションが高まる、というわけではない。

さらに、この状況に追い打ちをかけるように、職場の環境が彼らの成長を阻害している。上司はプレイングマネジャーとして忙しく立ち回っていて、新人や若手に深く関与している暇がない。同期や少し年上の社員はいるけど、２０００年代前半までは採用抑制をしていたので先輩はあまりいない。みんな自分のことに精一杯でなんとなく冷たく、相談相手を探すのにも苦労する。オフィスは静かで、電話での会話も上司の叱責の声も聞こえてこない。みんなパソコンに向かっているけれど、何をしているかがよく分からない。

仕事に限らずだが、人は、書類などにまとまった形式化された知識だけでは物事を習得していくことはできない。先輩たちの振る舞いを見たり、やりとりを聞いたり、顧客や上司の期待や激励を肌で感じたり、そういった五感を総動員して学んでいく。一見すると回り道に見えるし、もっと効率的に学ぶ方法があるはずだと考えている人も多いのだが、人間の学びはそういう身体性によるところが圧倒的に大きい。

しかし、現在の職場は、ＰＣなどのツールの発達やコミュニケーション環境の変化も相まって、そうした身体性による学びが喚起されにくくなっている。

おまけに、組織や場の一体感が希薄になっている。昔の日本企業には、職場の全員が同じような思いを持ち同じ方向を向いている、という一体感があった。それが「会社人間」

や「社畜」を生んだという批判もあるし、モノカルチャーで排他的な集団になってしまう危惧も大きく抱えてはいたが、多くの人たちはその組織文化に染まり組織アイデンティティを高めていった。その最大の理由は、そこにいる人たちの多くが幸せを手にしていたからだ。定期的な昇給、年功的な昇進昇格、雇用・生活の安定……。多くのモノを獲得できることが約束されていたからこそ、人は、初期にはカルチャーショックを感じ、仕事のやり方や顧客との接し方などに違和感を持ちながらもその場に適応していった。

しかし、その一体感を今も有している大企業は皆無に近い。先輩達の仕事に対する姿勢ややり方が世代によって違う。熱い世代、いい加減な世代、シニカルな世代、無責任な世代。会社や部署の方針を批判する声は日常的に聞こえてくる。これまでも飲み屋での会社や上司への愚痴はあったが、それは憂さ晴らしであり健全なストレス解消の場でもあった。今飛び交っている批判は、従業員の職務遂行意欲を蝕んでいる。それに、フロアには昇進・昇格レースから外れたシニア、ミドルがたくさんいて、その人たちの多くはあまり熱心に働いていないし幸せそうでもない。

こういう悩ましい仕事環境、職場環境に今の新人・若手は身を置いている。初めてみる仕事社会、会社社会がそのような実態であったら、やる気を維持するのは容易ではない。

だが、このような仕事・職場環境が就活エリートの迷走の直接の原因なのではない。もちろん強く影響を及ぼしはするだろうが、それだけでは前述のような状況は起こらない。上記のような環境変化は、この10年を見ても程度の差こそあれ変わっていない。しかし、「就活エリートの迷走」という現象は、ここ数年で顕著になってきたものだ。

核心はこうした仕事・職場の変化ではない。彼らの迷走は、会社に入ってから始まってはいるが、迷走する要因は、会社に入る前に彼らの意識、価値観の中に組み込まれている。そしてそれは、専ら「就活」によって育まれている。パッケージ化、マニュアル化が進み、大学受験同様に「傾向と対策」が解き明かされ、『就活のバカヤロー』『就活廃止論』といった批判的な書籍が世に出され、「茶番」とも「会社と学生を不幸にする」ともいわれている「就活」。その「就活」に的確に対応し、見事にクリアし、「勝ち組」＝就活エリートになることによって、何がしかのトリガーを意識の中に取り込んでしまっているのだ。

†迷走をもたらす「キャリア・スタンスの歪み」

ご自身の学生生活をちょっと振り返ってみてほしい（学生の方であれば想像してみてほしい）。講義やゼミ、サークルやアルバイトなどさまざまな経験を通じ、自身の中にたくさんの変化があったに違いない。では、「仕事をする」「働く」ということについて、あるいは「社会人として生きていく」ことについては、どんな変化や気づきがあっただろうか？何か考え方を新たにするようなことはあっただろうか？

もちろん何かがあったはずだ。あまり意識することでもないし、言葉にして自覚している必要があることでもないが、キャンパスライフや就職活動を通して、自分自身が仕事人生をはじめる……キャリアを構築していくうえで、どのような方針で行こうか、と思いを馳せたり、会社や仕事にはどんな姿勢や心構えで臨むか、ということを無意識のうちにも考えていたはずだ。社会人になる上での基本的な態度、とでもいえばいいだろうか。こうしたものをこの本では「キャリア・スタンス」と呼ぶことにしたい。

キャリア・スタンスは多様で複雑な要素によって構成されてはいるが、大きく二つに分けられる。

ひとつは、キャリアや仕事に対する価値観や信念だ。自己成長、自分らしさを重視したり、自身のキャリア・ゴールを重視するような、自分がかくありたいという意向、事業内容・仕事内容やビジョン・理念、獲得できる給与や地位など入社する会社に望むもの、会社の風土や雰囲気、人間関係など職場に要望するものなどによって構成される。キャリアや仕事に関する「アタマで考えること」と言い換えてもいいだろう。こうした価値観や信念のことを「キャリア観」と呼ぼう。

もうひとつは、キャリアや仕事に対峙していく上での適応の仕方だ。未知のものに関する関心や変化に対する受容性、担当する仕事に対する責任感や当事者意識、諦めずにやり遂げたいという欲求、未知のものに対してもやればできると思える自己への信頼や自分を受け入れてくれる他者や社会に対する信頼など、さまざまな環境に適応しストレスを克服していく上で必要な姿勢だ。キャリアや仕事に関する「ココロで感じること」の領域だ。こうした適応性のことを、本書では「キャリア・アダプタビリティ」と呼んでいく。

このキャリア・スタンスは、もの心ついた時から、何がしかのレベルで本人の中に形成されているものだ。子どもの頃に「プロ野球選手になりたい!!」と思っていたら、それは、プロ野球選手という職業が持つ特性……その世界でのナンバーワンになる、有名になる、自身の持てるフィジカル能力を高度に駆使する……に強く惹かれるキャリア観の原型となるものを持っていたからだ。また、前述のように大学生活を通じた経験や就職活動によって「アタマ」や「ココロ」の形成が図られる。大学を卒業する頃になっても「あんまり働きたくないなあ」と思っていたら、それは「キャリア・アダプタビリティ」がまだ未成熟なのだ。
そして、キャリア・スタンスは仕事をし始めてからのさまざまな経験によって変容していく。担当する仕事によって新たな「キャリア観」が生まれたり、小さな成功体験によって「キャリア・アダプタビリティ」が大きく高まったりする。
大学生～新人・若手のプロセスについては、以下のようなストーリーが、すべての人の中に繰り広げられることになる。

個人には、「キャンパスライフ」「就職活動」といった行動・経験とその内省（自己との対話／気づき）によって「キャリア観」の明確化、「キャリア・アダプタビリティ」の変容が進行し、初期のキャリア・スタンスが形成されるが、入社後に会社・仕事・職場の実態と接し、想定イメージとのギャップ＝リアリティ・ショックを経て、そのキャリア・スタンスは修正・再構成され、個人はその場に適応（成長、活躍）していく。

しかし、過度にマニュアル化が進んだ就活に過剰適応すると、初期のキャリア・スタン

図表1-3　キャリア・スタンス概念図

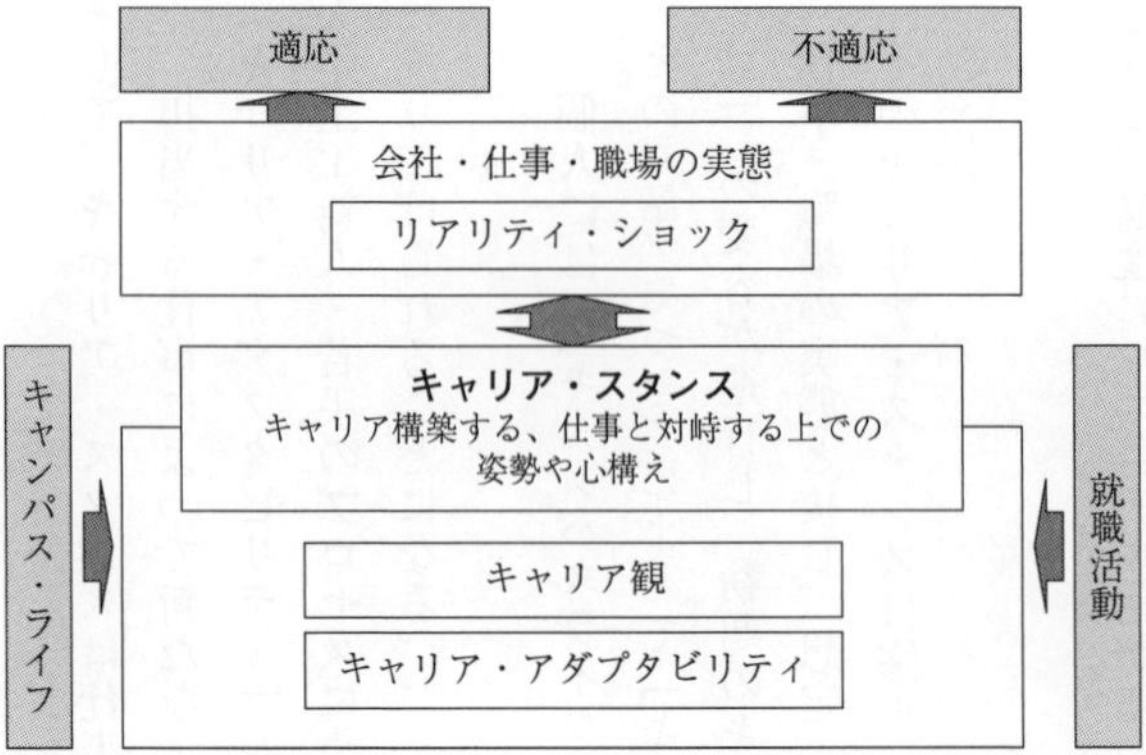

スに歪みが生ずる。「キャリア観」の一部が異常に肥大したり、「キャリア観」＝アタマと「キャリア・アダプタビリティ」＝ココロのバランスが崩れてしまう。

その歪みは、多くの企業が実施している採用選考方法では感知できない。

そして、初期の「キャリア・スタンス」に歪みがあると、入社後のリアリティ・ショックによってもキャリア・スタンスの修正・再構成が進まず、不適応をおこすのだ。

就活エリートの迷走には、このようなメカニズムが働いているのである。

第二章

就職活動は、どのようにして「就活」になったのか?

†「就活」を概観する

就活エリートの挫折を生み出してしまう就活というシステム。その実態はどのようなものなのだろうか。時間軸に沿って、その全体像を俯瞰しよう。

現在の就活は、3年生の夏前に実質的なスタートを切る。各大学キャンパスにおいて、就職ガイダンスが催され、各大学のキャリアセンター・就職部から就活の基本的な流れや企業選択のポイント、自己分析の重要性などがレクチャーされる。また、大企業、採用積極企業の多くが夏に実施するインターンシップは、6月ごろからエントリーを開始するので、早いうちから活動する学生はもうこのころにリクルートスーツ（彼らはリクスーと呼ぶ）を購入し、インターンシップの選考面接に臨んだりする（こうした企業主催のものの他に、大学の授業の一環として実施されるインターンシップもあり、現在では3割程度の学生がインターンシップを経験している。なお、インターンシップは採用活動ではない、というのが主要企業の公式見解であり、ここで選に漏れたとしても本番の就活に影響を与えることはない）。

秋になると、就職情報サイトがオープンし、企業からのさまざまな情報が発信される。学生は、サイトを検索したり、各社から届くウェブメールを見たりしながら、自身の興味関心にフィットした業界・会社・仕事を探索していく。興味・関心を持った企業にプレ・エントリーしておくと、個別の情報や案内が届くという仕組みにもなっている。企業や就職支援組織が実施する業界研究セミナー、就職支援セミナーも、同じ時期に開催される。選考とは関係なく、業界研究や職種研究の一環であると同時に、就活仲間との出会いの機会でもある。

冬からは、いよいよ本格的な企業研究が始まる。個別企業の会社説明会が開催される。PR活動の一環ではあるが、参加必須のものも多く、選考を兼ねている場合もある。こうした説明会に数多く参加し、学生は会社や仕事に関する相場観を形成していく。OB・OG訪問が盛んになるのもこのころだ。先輩たちの生の声を聞き、会社や仕事の実態をよりリアルにイメージしていく(OB・OG訪問をする人は20年前に比べて激減し、近年は2割程度の学生しか行っていないが、就活エリートたちはほぼ全員がしている)。また、ほとんどの会社が事前提出書類として指定しているエントリーシート作成の対策、一般常識、論作文などの筆記試験対策も、このころにヒートアップし始める。多忙な就活オンシーズンの始まりだ。

春先には、各社への応募=本エントリーが始まる。各社の応募要項に沿って、エントリーシートなどの書類を作成・送付する。人気企業、有名企業の大半はここで事前選考を行っているので、ただの手続きとはわけが違う。事前に就職試験の受験を求められることも少なくない。

本エントリーに通過した人には面接の連絡が届く。複数の応募者が同じ面接を受ける集団面接、定められた題材について討議するグループディスカッションなどその形態は多様だ。そして、最終面接までをクリアした学生は、晴れてその企業の内定を獲得することになる。複数内定をもらう学生も少なくない。就活エリート層であれば、3－5社程度が標準だろう。昨今のような厳しい就職環境にあっても、この層の学生はそれぐらいの結果を出している。そして、逡巡を重ねながら一社に絞り込んでいく。こうして就活エリート層は、人気企業・有名企業の採用活動が峠を越す4月5月には就活を終了する。

複数あった内定をすべて断ってしまう学生も少なくない。意中の会社への入社が果たせなかった、内定をもらった会社に満足できない、といった理由で大学院進学や留年という選択をする。浪人して第一志望の大学を再度受験するのと、その精神構造は近似している。自身の強い欲求やプライドが、すべり止めへの入社を受け入れないのだ。

一方で、どの企業からも内定を獲得できずに夏から秋、さらには卒業間近まで活動を続ける学生もいる。就職先が見つからないままに卒業する人も就職留年する人もいる。そして、ほしくても人が採れない、という不人気業界企業や無名の会社もたくさんある。

この就活の流れに乗らない就職活動もある。公務員試験、教員試験のようにペーパーテストが主な選抜方式となっているものや、理系学生を中心とした教授推薦方式で採用されるケースはこの限りではないし、アナウンサーのように極端に早い時期に選考がなされる特殊な例もある。しかし、それ以外の大半の大学生は、前記のカレンダー通りに就活を行っている。いつ何があるのか、結果を出すためには何をすべきかが定型化・パッケージ化されたシステムに、毎年50万人の学生が一斉に参入していく。

†就活エリートとは誰か

しかし、大学生がみな同じように就活に臨んでいるのかというと、決してそうではない。就活への接し方、クリアの仕方によって、彼らは大きく四つの層に分けることができる。

一番上の層は、これまでに社会人顔負けの多様な経験とそれによって培われた能力を有するハイパー大学生だ。その内実は、ＮＰＯを立ち上げたりソーシャルアントレプレナーへの道を志向する高い問題意識と倫理観をもった社会派ハイパーと、ネットで起業したり大学生を組織化してビジネスを仕掛けるなど商売センスに溢れた実利派ハイパーに分かれるが、双方を加えてもほんの一握りの存在だ。彼らの中には、就活を楽しみインターンシップや数々の説明会に顔を出し、次々と内定を獲得していく人もいれば、余計な手間暇をかけずに意中の会社だけにアプローチする人もいるし、就活なんてせずに起業してしまう人もいる。いずれにせよ、就活が彼らの意識・価値観を大きく揺さぶることはない。

一番下の層は就活諦観層だ。正社員として社会にデビューすることに積極的でなかったり諦めていたりする。就活オンシーズンになってもあまり活動はしない。一度ためしに企業に応募してみたが書類選考で落ちてしまい、以来一度もアクションしていない、というケースも珍しくない。親や大学の働きかけやあと押しでいい会社と巡り会える人もいるが、その多くは新卒無業、フリーターという進路をとることになる。

その上に位置するのは、就活に振り回される就活漂流層。彼らにとって、就活は「後出しじゃんけん」のようなものだ。大学時代にどんなことに力を入れたのかを聞かれる、なんて知らなかった（から、何もせずに適当に遊んできた）。いまさらどうしようもない、と落ち込んだり、サークルやバイトに一生懸命で、気がついたら就活オンシーズンがはじまっていたり。しかし、自身のポジションを認識しているので、あまり高望みせずに現実的な選択……中堅中小企業や、地元での就職など……をするなど、穏当なところにおさまる層でもある。

そして、残った上から二つ目の層。ここが、本書が主題とする就活エリート層だ。ハイパー層のような能力・経験はないが、授業やゼミ、英語や資格、クラブ・サークル、交友関係などに力を入れ、それなりに充実した大学生活を過ごし、就活についてもマジメに取り組む層だ。マニュアル本、対策本のメインユーザーであり、ゲームのルールを熟知し、しっかりとコミットし、きっちりと結果を出して人気企業や有名企業などの第一志望の内定を獲得する。それはあたかも受験勉強のようだが、この層の学生は難関校や人気大学の学生で受験勉強をそれなりに頑張った層ともある程度重なる。

それぞれの層がどのような割合で分布しているのか、それを指し示すデータは残念ながらないが、感覚的にフィットする数値はある。

第1章で触れた2：6：2の法則は、もともとは

図表2-1　就活をする大学生の分類

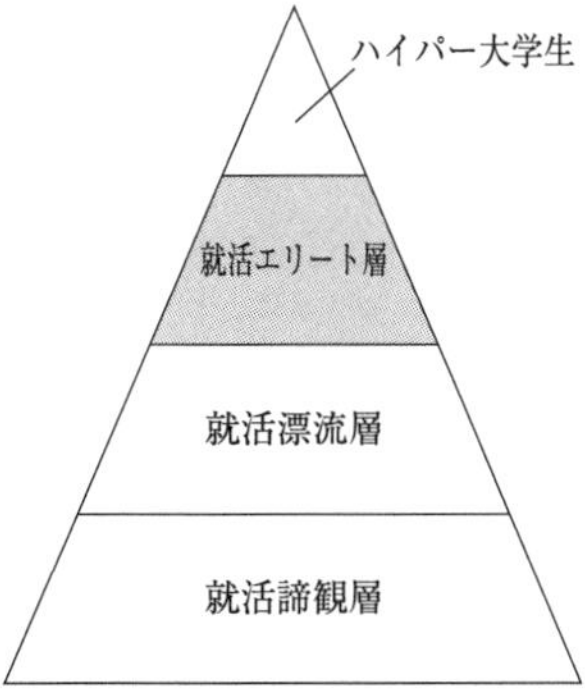

ミツバチ（働き蜂）の研究から出てきたもので、人間社会に適応するのはやや無理がある。私は5：15：40：40の法則を支持している。組織や集団には、5％の極めて優秀な人材、15％の優秀な人材、40％の中庸な人材、そして40％の不活性な人材が存在している、というものだ。昭和女子大学の矢野眞和教授が提唱した法則であり、日本プロ野球界に所属した選手のパフォーマンスをもとに考案されている。その数的根拠は、以下のデータが元になっている。

・タイトルホルダー（リーディングヒッター、本塁打王、最多勝、ゴールデングラブ賞などを獲得したことのある人）は、5％
・タイトルホルダー以外で規定打席、規定投球回数に到達したことのある一軍レギュラーは、15％
・一軍レギュラー以外で一軍に一度でも登録されたことがある選手は、40％
・残りの40％は、生涯二軍暮らしのまま引退していく

プロ野球界の結果を人間の集団全般に当てはめるのはやや強引ではあるが、ミツバチの

世界よりははるかにフィット感がある。優秀とされる上位2割の中身は一様ではなく、天才肌のハイパー層と努力型のエリート層とに分かれているというのも、多くの実社会の状況と符合する。それに、バブル華やかなりし頃の大学進学率が30％弱だったのが今は50％を超えている、となると、今の大学生のうち4割は、20年前であれば大学生にはなっていなかった、という状況を勘案しても妥当な数字だ。

ただし、この4層は大学入試の偏差値通りに形成されているものではない。緩やかな相関はもちろんあるが、東大・京大や早慶にも諦観層の大学生はいるし、入学倍率が1倍以下で受験すれば誰でも入れる通称Fランク大学の中にも就活エリートは存在する。

†20年の間に何が起きたのか

パッケージ化、マニュアル化、画一化が進み、同時に学生の階層化を引き起こしている就活。しかし、今日のような姿に収束したのは、ここ4－5年のことだ。大卒の就職活動は、マクロで見ればその構造は全く変化していないが、ミクロにはダイナミックな変化を重ねている。現在の就活に至るまでには、経済状況の変化、社会からの要請、人口動態、大学進学率などの要因がさまざまな影響を与えている。そのダイナミズムを理解するには、戦後の混乱を経て、経済復興の中で中卒採用・高卒採用などのニーズが高まり、それとともに大卒採用の状況も一変し、1954年に就職協定が結ばれる……といった大卒就職戦後史の解説が必要だが、それだけで1冊の本ができてしまう。ここでは、高度成長からジャパン・アズ・ナンバーワンへ、という明るい過去の時代の採用・就職事情までを大幅に割愛し、核心部分であるバブル期以降の20年の変化を簡潔に述べておきたい。

20年前の1990年は、大卒採用にとってエポックな年だ。その年の大卒求人倍率は2・86倍。この数字はデータを発表して以来今日に至るまでの最高値だ。バブル景気に沸き返る日本企業は、数を競うような凄まじい勢いで大卒者の争奪戦を繰り広げていた。この頃の大学生の5割近くが上場企業に入社した、というデータが示すとおりの狂乱的な状況であった。それにしても、なぜそんなに人を採りたがっていたのだろうか。お金の余裕があるので、将来に採れなくなるかもしれない事を見越して備蓄の意味でたくさん人を採ったのだろうか。答はノーだ。その時の採用ニーズは、将来のためではなく目先のためだった。営業や販売要員が増えればもっと売れる。設計や開発の要員が増えればもっとたくさんの製品が作れる。好景気がまだまだ続くだろうと信じて、将来の資産としてではなく、明日の稼ぎを生み出す装置として人材を大量採用していたのだ。

採用広報も派手な時代だった。大卒を採用するためにテレビCMをする大企業もあった。地味な企業や不人気業界というハンデを克服するために有名タレントを使うなど実態から大きく乖離したイメージを提供して学生を振り向かせていた。

人気企業、大手企業の主な採用手法はリクルーター制だった。人事部門以外の若手社員をリクルーターに任命。彼らは、大学時代のゼミ、クラブ・サークルなどのつながりを利用して現役の大学生と接触を図り、入社してほしい人材を開拓・発見し、自社への興味・関心を喚起する。求人広告やダイレクトメールで良好な企業イメージを醸成し、最後は人を介しての一本釣り、という戦術だ。

内定を出した学生が他社に逃げないように囲い込む内定拘束は、この時期に激しさを増した。拘束という行為自体は以前からあったものだが、この時期のそれはレベルが違う。ハワイ旅行だ、一流レストランでディナーだ、銀座のクラブだ、ディズニーランドで丸一日レジャーだ、などなど。接待同然である。接待してでも、自分の会社に入ってほしかったのだ。

†「オープン・アンド・フェア」という時代の要請

日銀の総量規制を契機に、バブル経済は急速に終わりを告げた。元気だった金融や不動産業界は、大量の不良資産を抱え、急速に採用人数を抑制、求人倍率は急降下した。そのわりを食ったのは団塊ジュニア。同世代人口の多い彼らは、大学受験のときも「受験地獄」を味わい、就職についても、ほんの少し前まで大きく開いていた門戸を目の前で閉じられてしまった。そしてその門は、単に狭き門になっただけではなかった。

バブル期にほしかったのは、会社の命令に従って前線でハードワークをする兵隊だ。しかし、崩壊後のマーケットはモノ余り、モノ離れ。これまでと同じようなものでは全く売れなくなってしまった。おまけにユーザーの志向が多様化、個別化しはじめたので、本社の中枢の人材が新しい製品やサービスを作って、それをみんなで売る、というそれまでのやり方までうまく行かなくなってしまった。それぞれが現場で考えて、作って、売る。そうしないと売れない時代になってきた。

そうなると、聞き分けのいい兵隊を採っているわけにはいかない。自身で課題を発見し、自分の頭で考えて行動できる自立型人間が必要だ。「何でもやります、頑張ります」ではなくて「こういうことをやるべきではないか」と、会社に働きかけるような意志を持ったような人材が。これまでのようにリクルーターに任せていても、彼らと同じような人しか採れない。どうしたものか……そこで、企業は学生に問い始めたのだ。

「あなたのやりたいことは、何ですか?」

その第1号はソニーだった。オープンエントリーという名の下に、自身の志望職種を宣言させ自身をプレゼンテーションさせる採用手法が生まれた。エントリーシートが生まれたのもこの時だ(当時はエントリーカードと名付けられていた)。

こうした動きを追うように90年代中盤に浮上してきたのが、就職における性差別問題、大学差別問題であった。

86年の男女雇用機会均等法施行により、女子大生の採用環境は変わりつつあったのだが、採用抑制の余波は真っ先に女性を襲った。女子大生の就職環境は「どしゃ降り」と形容されるほどひどかった。また、バブル期には、大手企業も採用数確保のために中堅大学などからも数多く採用していたが、採用抑制によってそうした層の大学へのアプローチは激減していた。

この実態に社会が異論を唱えはじめた。女子大生というだけで門戸を閉じるとは何事か。

企業は男子と同じように対応せよ！　一部大学の学生だけに情報を流しているとは何事か。すべての学生に機会を与えよ！……。そのような声が高まり始めていた。

コンピュータの世界では、IBM王国の牙城が崩れ、メインフレームからオンライン端末までの丸抱え一気通貫システムからオープンシステムの時代へと移行していた。国内消費の世界では、価格破壊でメーカーの小売希望価格体制が崩れ、小売主導のオープン価格へと移行していた。オープンは時代の潮流になっていた。新卒採用も、もっと情報をオープンにし、公平な、公正なマーケットにするべきだ、という気運に満ち溢れていた。こうしたムーブメントの総仕上げが、序章で触れた就職協定廃止だったのだ。

†自由化は、インターネットとキャリアとともに

就職協定廃止によって、ついに大卒採用・就職は自由化期に突入した（そもそも、民主主義国家において、成人を対象とした採用活動や就職活動が自由ではなかったということ自体がおかしいのだが）。

自由化、オープン化に大きく寄与したのが同時期に普及を始めたインターネットだ。企業側には情報公開が求められたが、すべての大学に求人票を配送するのは経費と労力を企

業のみならず大学側にもかけることになる。電話帳のように分厚い就職情報誌をさらに分厚くして全大学生に配布するのも、費用的にも資源の有効利用の観点からもためらわれた。しかし、インターネットであれば、そこまでの無駄や労力をかけずに、全国どこにいる人にも情報を開示できる。日本のインターネットの普及・浸透において大卒採用・就職のサービスがリーディングプレイヤーとなったのには、そのような背景があったのだ。

また、インターネットは、もうひとつの強力な持ち味を発揮し始めた。インターネット上で、見ず知らずの学生同士が情報交換を始めたのだ。「◎◎の説明会に行ってきた」「△△の面接で、こんなことを聞かれた」……それまでは友人同士の狭い範囲でしか共有されていなかった情報が、急速に全国規模で流通を始めた。以前のように限定した大学の学生だけにセミナーを開いたり、女子大生を排除したりしようものなら、インターネット上にその日のうちに情報が流されるようになった。企業側は必然的に襟を正さざるを得なくなったのだ。

ほぼ同じ時に脚光を浴びていたのがキャリアという言葉だった。1993年にパイオニアが管理職30名の指名解雇を実施、マスコミから一大バッシングをされたにもかかわらず、その後続々と名だたる大企業が同様の施策を発表。リストラという言葉がいつのまにか人員整理を意味する言葉に変質してしまったわけだが、この一連の出来事は、それまでの会社と個人の関係を大きく揺さぶるものだった。自分の仕事人生＝キャリアは、会社が一手に引き受けてくれると思っていたら、そうではなくなってしまった。会社に頼って生きる時代は終わった。自分のキャリアは自分で考えなくてはいけない。会社の意のままになるのではなく、自分が何をやりたいのかを考えて、その実現に向けてキャリアをデザインしていかなくてはいけない……。こうして、企業側と個人側の意志は結びつく。双方が、それぞれの意志のもとに「やりたいこと」を中心において対話をする時代に突入したのだ。

　国の外を見回せば、アメリカでは大学生になる前から自分のキャリアをイメージし、インターンシップによって会社や仕事の実態に触れているという。これからは日本もそうあるべき、とばかりに、インターンシップの普及が急速な勢いで始まった。採用目的でインターンシップを実施する企業もあった。

　新たな動きは他にもたくさんあった。春〜夏だけではなく、秋にも選考活動をする秋採用。一時期に限らずいつでも門戸を開放して応募を受け付ける通年採用。入社時期を4月に限らず、柔軟に設定する企業も出始めた。職種別採用や、配属先を先に決める事業部別採用といった外国企業のスタンダードを導入する企業も急増した。選考に1日から数日単位の現場実習を組み込む会社も出始めた。学生は仕事の実態を、企業は学生の素顔をよく知った上で、お互いが納得して意思決定するような採用システムに注目が集まっていた。また、通常の大卒枠とは別に、初任給が30万、40万の特別コースを設置するなど、それまでの大卒一括採用の流れを打破するような多面的な試みが生まれていた。

大学生の就職意識も変わる、企業の採用意識、スタイルも変わる。自由化による変革が着実に進んでいた。新しい時代にふさわしい新しい新卒採用システムの胎動が、1990年代終盤から00年代初頭にかけては、あったのだ。

†やり玉に挙がった採用活動の早期化

2004年、日本経団連は「新規学卒者の採用・選考に関する倫理憲章（以下、倫理憲章）」に一文を追加した。その一文が、その後の就職活動時期に大きな影響を及ぼすことになる。以下は、当時のものではなく現在掲示されている2010年度の内容だが、ほとんど変わっていないので引用したい。

1　正常な学校教育と学習環境の確保

在学全期間を通して知性、能力と人格を磨き、社会に貢献できる人材を育成、輩出する高等教育の趣旨を踏まえ、採用選考活動にあたっては、正常な学校教育と学習環境の確保に協力し、大学等の学事日程を尊重する。

2 選考活動早期開始の自粛

卒業・修了学年の学生が本分である学業に専念する十分な時間を確保するため、選考活動の早期開始は自粛する。**まして卒業・修了学年に達しない学生に対して、面接など実質的な選考活動を行うことは厳に慎む。**

3 公平・公正な採用の徹底

公平・公正で透明な採用の徹底に努め、男女雇用機会均等法に沿った採用選考活動を行うのはもちろんのこと、学生の自由な就職活動を妨げる行為（正式内定日前の誓約書要求など）は一切しない。また大学所在地による不利が生じぬよう留意する。

4 情報の公開

学生の就職機会の公平・均等を期すとともに、落ち着いて就職準備に臨めるよう、企業情報ならびに採用情報（説明会日程、採用予定数、選考スケジュール等）については、可能な限り速やかに、適切な方法により詳細に公開する。

5 広報活動であることの明示
企業情報、採用情報等の発信を目的とした広報活動は、その後の選考に影響しないものであることを学生に明示するよう努める。

6 採用内定日の遵守
正式な内定日は、10月1日以降とする。

追加されたのは、太字の一文「まして卒業・修了学年に達しない学生に対して、面接など実質的な選考活動を行うことは厳に慎む。」である。

倫理憲章は、就職協定の廃止とともに制定されたものだ。ルールは撤廃するが社会倫理から逸脱することがないように、精神的な規範として制定されたものだ。しかし、追記された内容は、具体的な選考活動開始時期に言及したことに他ならない。それまでの自由化の流れとは逆行するものだ。

ここにいたる契機には、新卒無業者の急増に代表される就職格差、3年で3割が辞めるという早期離職という当時の社会を揺るがす構造問題があった。早い時期に選考するからミスマッチ離職が増える、早い時期にピークが来るから多くの人が職を得られなくなって

図表2-2　4年制大学への進学率

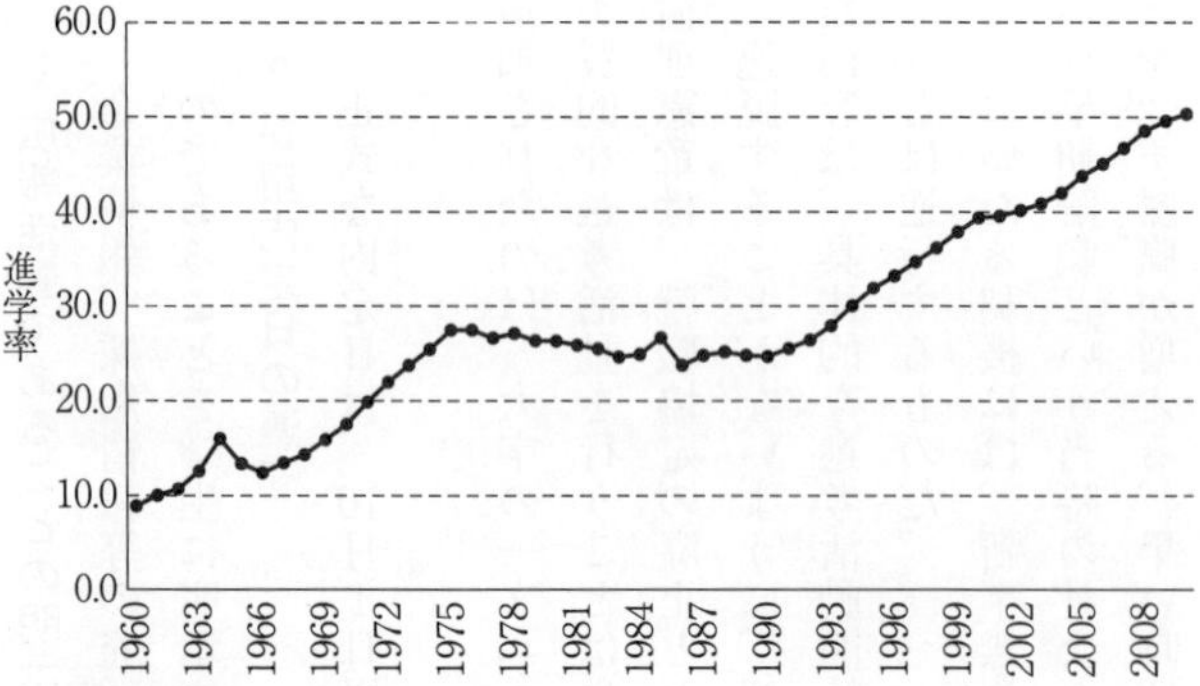

（出所）文部科学省 学校基本調査

しまう。おまけに、説明会や選考活動が3年生の後期、4年生の前期の学業に支障をきたす時期に行われている、という大学側からの非難を受けて、採用活動時期を規制すべしという論調が形成された。

確かに、自由化によって大学3年生の秋や冬といった早い時期からの学生と企業の出会いの場が生まれていた。しかし、このとき進んでいたのは、早期化ではなかった。分散化だったのである。早期からの活動もあったが、秋採用、通年採用も、少しずつ定着していたのだ。自由化にふさわしい市場が、徐々にではあるが形成されていたのだ。

また、大卒就職市場には決定的な変化が起きていた。就職希望者の数が激増したのだ。要因は大学進学率の急増である。60年代は10％台、80年代までは20％台であった4年制大学への進学率は、１９９４

年に30％を超えるとその後も急増し、2003年には40％を超え、現在は50％を超えている。新卒無業の問題は、この増加とともに顕在化したのだ。最大の問題は、企業の採用数の抑制でも新卒採用の時期の問題でもなく、大学生が増えすぎたことにあったのだ。

しかし、そうした重大な問題や健全な変化は捨象された。格差是正、学業優先という趣旨のもと、大卒市場に早期化を抑制するための自主規制が復活した。

†規制がもたらす一極集中

規制があると何が起きるかは、歴史が教えてくれる。実質的には4月1日選考解禁、と同様の意味を持つガイドラインができれば、その日付に一極集中する方向にことは収斂していく。それ以前に始めていた企業が解禁日以降に始めるようになるのは規制の効果だが、それ以降に始めていた企業も、何とはなしに「右に倣え」で解禁日から始めるようになってしまう。過去の就職協定においても顕著な傾向であった。そして、今回もまた同じことが繰り返されている。それはデータからも明らかだ。倫理憲章が改定された後から、学生が内定を獲得する時期は、4年生の春へと早期化・一極集中化している。

一極集中化は何をもたらすか。学生と企業の出会いの機会を阻害したり、出会いの質を

図表2-3　内定獲得時期

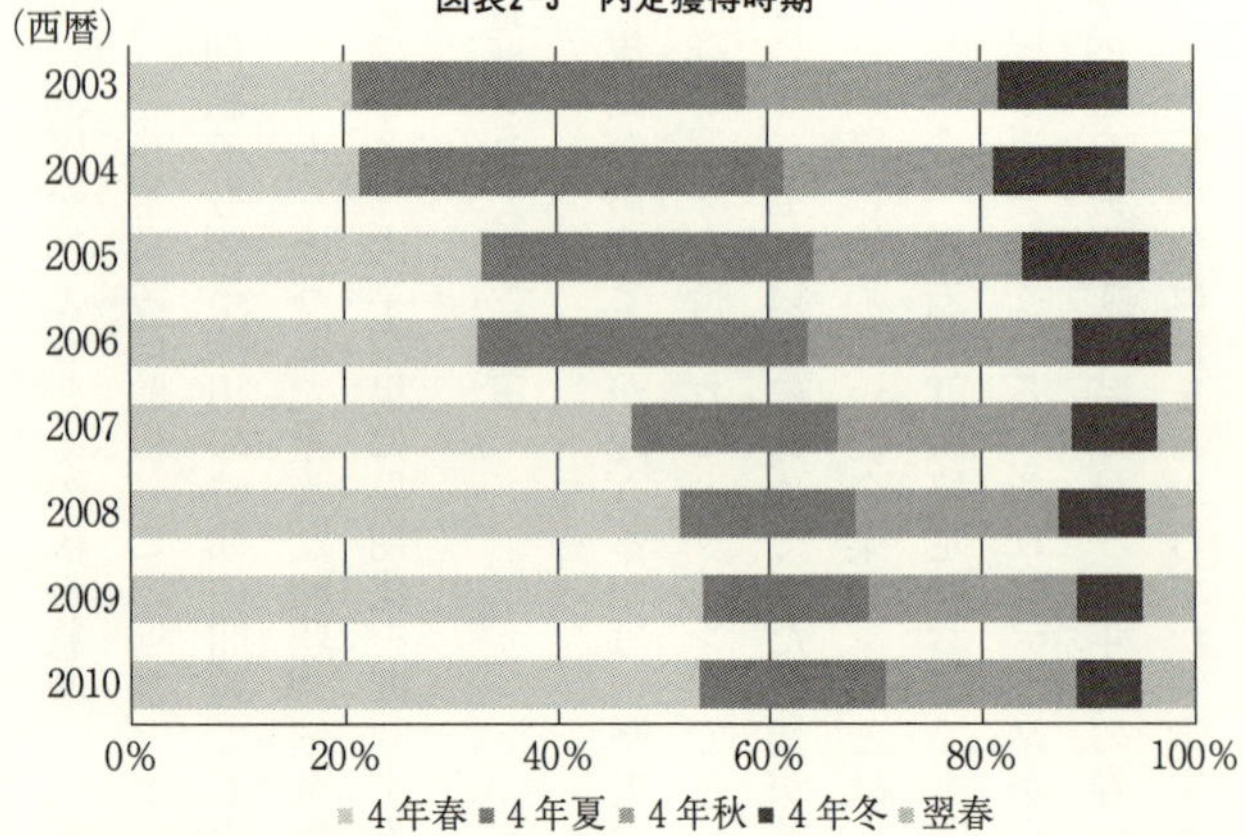

(出所)「新入社員意識調査」日本生産性本部

低下させることになるのだ。みんなが同じ時期に「いっせーの、せッ」で始めれば、面接の日時が重なったりすることは日常茶飯事になる。1日に3社も4社も面接がはいっては、学生の頭も身体ももたない。こうして、その会社も受けたかったのに本命企業の面接とぶつかってしまい、受けられなくなってしまった……。という機会損失が生まれる。

また、同時期に選考が行われると、企業は他社の採用活動動向を強く気にかけるようになる。採りたい学生に対して、他社の選考の進捗状況を聞いたり、自社の優先順位を問うようになる。なかには「ウチが第一志望でなければ、次の選考には進めない」「他社の内定を断ったら、内定を出す」という駆け引きをする企業も現れる。御社が第一志望です、という確認を学生に迫り、目の前で他社に電話を掛けさせ内定を辞退させる、という採用担当者までもが現れる。同様のケースはかつての就職協定時代にもあった。まさに「歴史は繰り返す」である。

また、この倫理憲章は、専ら日本経団連に参画している企業を対象としたものであり、この倫理憲章に同意し、署名した企業（２０１０年度は９００社強）には遵守への統制力が働くが、外資系などそれ以外の企業が圧倒的多数を占めているのだから、この日付を無視して選考活動をする企業はあとを絶たない。序章でご紹介したとおり「正直者がバカを見る」構造が再現してしまっている。

こうして、13年前に決別しようとしたことが今また繰り返されているのだ。

†エントリーシートという特殊形がスタンダードに

画一化、パッケージ化の仕上げはエントリーシートだ。自由化にふさわしい出会い方の、あくまでひとつの例として生まれたエントリーシートが、「やりたいこと」を問い「やりたいこと」を語る出会いの独自なスタイルが、規制の下での集団お見合いの統一システムになってしまった。

自己分析と並んで、この20年足らずのうちに就活の中核的存在となったエントリーシートだが、前述のとおり、そもそもは、大学生の14％が入社を志望していたという当時の超人気企業・ソニーが、大学差別が当たり前、配属先は企業の決定事項であった時代に「大学名不問」「職種別採用」という驚異的・画期的な採用手法を導入した際に考案されたものだ。「応募動機」「教室外の活動で一番力を入れたこと」「今関心を持っていること」などを記述させる、という内容は、これまでの一律型大量採用ではなく、強い意志を持った学生からの応募を、という志から生まれたもので、極めて特殊な、個性的なものだった。応募の段階でこれほど負荷のかかる内容を書かせる、という企業はそれまでには一社もなかったため、大きな反響を呼んだものだ。

ところがである。就職氷河期という社会環境、厳選採用というムーブメントが、こんな特殊な事情で生まれたツールを、履歴書に代わる採用活動のインフラにしてしまった。今や、企業の大小問わず、ほとんどの会社がエントリーシートを事前提出書類として設定し、「やりたいこと」を問うている。そんなにたくさんの会社が「やりたいこと」を問う必要があるのだろうか？　自立型人材を本当に望んでいるのだろうか？　採用する人材が仮に100人だとして、その100人すべてが自立型人材である必要性、必然性は本当にあるのだろうか？　そんな疑問をよそに、かつて履歴書を提出させるのが常識であったのと同様に、今はエントリーシートを提出させるのが「常識」になっているのだ。そして、多くの企業が、その内容の良し悪しで一次選考をしている。

このエントリーシートの作成が学生にもたらしている負荷は、計り知れない。各社それぞれの応募動機を考え抜き、各社の求める人物像を想定しながら、自己ＰＲ部分を各社向けにアレンジし、祈るような気持ちで送付する。しかし、書類選考で落とされることも少なくない。なぜ落とされたのかよくわからずに、別の会社へのエントリーシート作成のときには、さらに考え込んでしまう。最近の「就活エリート層」であれば30社ぐらいに出すのが標準的、50社、１００社とエントリーする学生も存在する。２月、３月のエントリーシーズンは、連日深夜までエントリーシート作りに勤しむことになる。

実はこのシステム、企業側にかかっている負荷も著しく大きいのだ。人気企業ともなれば、エントリー数は万を超える。それだけの膨大な数を読み込み、内容の良し悪しをジャッジするのは大変な労力だ。採用担当者だけではとても読みきれず、人事部員が総出でエントリーシートを読み込んでいるという話も聞く。企業は企業で、連日の深夜労働。大卒の採用活動は体力勝負だったりする。

しかし、最大の問題は、エントリーシートでその人物の見極めができるのか、ということだろう。大学生としての経験のレベルが低すぎる、日本語のレベルに問題があるなど、明らかに能力の低いものはNGと判断できるだろうが（そして、そういうモノも少なくないのだが）、就活エリート達がまとめるエントリーシートはそれなりのレベルに仕上がっている。なかなかダメだしはできないだろう。そして、そこに書かれていることが真実であるかどうかは企業の人間には絶対に判断できない。一方で、自己分析などマジメにやらず、面倒臭くて適当に仕上げてしまった、という「ハイパー層」のエントリーシートにNGを出してしまうかもしれない。ある人事キーパーソンも、こう漏らしている。

「ダメな人を通過させてしまうのはいいんです。後の面接で何とかできますから。でも、実は優秀な学生を落としてしまっているのではないか。そんな気がしてならないんです」

エントリーシートでの事前選考は、企業にとって、とても大きいリスクを抱えたものなのだ。

第三章

自己分析がもたらす悲劇

†就職活動＝「やりたいこと探し」という公式

「自分のやりたいことが何にも見えてない。この時期に、それっておかしいよね？」

「はぁ、でも、まだ仕事のこともよくわからないし」

「そういう状態で先輩訪問って、どうかと思うよ」

「ごめんなさい」

「忙しい人を相手にしているという自覚はある？」

「でも、やりたいことは決まっています」

人を笑顔にする仕事だといったら笑われた。どんな仕事だって、誰かが笑顔になるに決まっているじゃないと。

そんなのはやりたいことでもなんでもないし、就活でそんなことをいっていると失敗するとまで念押しされた。

そこまでいわなくても、とは思ったが、いえなかった。


これは、２００９年の年末からリクナビ２０１１モバイル版に連載された就活小説『いつまでも、どこまでも』のオープニングシーンである。主人公が、初めてOB訪問をしているところだ。なんとなく興味があった会社のOBを訪ねていろいろと話を聞こうと思ったのに、逆に質問されて「やりたいことをはっきりさせないと、就活で失敗する」と諭されている。

この小説は、実在の人物、現実の出来事をベースに構成されたストーリーなのだが、「やりたいことがわからない」というこの主人公は、就活漂流層は無論のこと、就活エリート層の標準的な姿でもある。また、「やりたいことをはっきりさせないと就活で失敗する＝私は、やりたいことをはっきりさせたことで、就活で成功した」と主張するOBは、就活エリートとして社会人デビューした人の典型でもある。

そのOBも、最初からやりたいことが決まっていたのではない。就活の中で悩み、考え、そしてみつからないままにエントリーシートを出したり、面接に臨んでは、お祈りメール（選考に漏れた人への企業からの連絡メールを、学生達はそう呼んでいる。文末に「◎◎様の就職活動の成功をお祈りしています」というフレーズが必ずあることから来ている名称）にショックを受け続けたのだ。そして、ある時にふと気付く。ああ、私はこういうことがしたかったのだ、と。それを転機に、彼の就活は急速に好転する。

それは「やりたいことを見つけた・はっきりさせた」という成功体験として認識される。そして彼は、同級生や後輩に語るのだ。「やりたいことをはっきりさせないと、就活はうまくいかない。ボクもそうだった」。

いつの間にか就活の中核的位置づけとなった自己分析だが、この言葉が大学生の就職活動シーンに登場してから20年も経っていない。それが、なぜこれほどまでに取り沙汰されるようになったのか。それは、第二章でも述べたとおり、多くの企業が「やりたいこと」を問うようになったからだ。

「あなたが大学時代に力を入れたことは何ですか？＝自己PR」

「（当社に入社したら）あなたがやりたいことは何ですか？＝志望動機」

を、エントリーシートや面接で聞くようになったからだ。

かくして、就活は「自分探し・やりたいこと探し」なしには始まらなくなった。そして、これが就活を、「とても難しいもの」にしている。「やりたいことが見つからない」という新たな悩みを産みだし、理想の仕事を追い求めて彷徨ってしまう「青い鳥シンドローム」なる現象までが生まれるにいたった。

さらに、自己分析という行為が「やらなくてはいけないもの」という認識になっている。

多くの大学の就職ガイダンスにおいても、自己分析の重要性が語られている。一部の大学のキャリアセンターでは、エントリーシートの添削までしている。キャリアセンターの職員の人たちと話す機会があったが、彼らはそうした現状に対してこう語ってくれた。

「私も、ここまで強調されすぎている現状に疑問を持っています」

「自己分析をして、自己PRや志望動機を明確で説得力のある言葉にしないと、企業は採用してくれないじゃないですか。だから、私たちも指導をせざるを得ないんです」

自己分析、自分探し・やりたいこと探しの問題は、就活エリートの迷走に強い影響を及ぼしている。この章では、その実態と、迷走にいたるメカニズムを解き明かしていきたい。

†自己分析は『絶対内定』から始まった

『絶対内定』という書籍がある。名前から分かるとおり、「就職の赤本」「面接の達人」と並ぶ就活本のひとつであり、1993年に創刊され、今日まで毎年版を重ねる根強い人気を持った書籍だが、それまでの就活本にはない強烈な特徴をいくつか持っている。まず、圧倒的に厚い。最新版の『絶対内定2012』は500ページを超える。そして、内容が熱い。自分の可能性を信じよう。人の可能性は無限だ。そんなメッセージがいたるところにちりばめられている。そして、最新版には94ものワークシートが掲載されている。この本は、読むだけではなくワークシートに書き込むことが主な利用法になっている。そして、最大の特徴は、この本が自己分析のための本であり、かつ、この本が就職活動に「自己分析」という概念・行為を持ち込んだ元祖であるという点だ。一部を引用しよう。

就活といえば**自己分析**。

しかしこの本の初版を発表した1993年、「就職活動に自己分析が必要だ」などと言っている人は日本中に一人もいなかった。

あれから17年。いまや適性や特性を心理テストやコンピュータで分析したりと、まさに自己分析ブーム。

しかし、ここで気をつけなければならない。必要なのは「自己分析の結果」を知ることではない。心から自覚することだ。だからこそ**自分ととことん向き合うプロセス**が重要なのだ。

その過程を通じて「本当にそうなのか」「なぜ？」「ほかには？」と、自分に何度も何度も語りかけ、悩んだり、自分の至らなさに気づいて落ち込んだり、仲間や先輩と超本音で語り合い、愛情や友情や強い絆を感じたり、時に涙したり。そして、ある時、自分の心からの思いをリアルに感じ、モヤモヤとしたものが晴れて、これまでの自分を受け入れ、内面が変化していくのを感じるだろう。自分が研ぎ澄まされていくのを感じるだろう。仲間と心が震え合い、高め合っているのを感じるだろう。勇気や行動力があふれていくのを感じるだろう。

自分と本気で向き合うこと、そして他人と本気で向き合うこと。それこそが尊いのだ。その結果のビジョンや特性でなければ、突き進むことも自覚することもできやしない。（太字、傍点は原文のママ）

その熱さに、少し引いてしまう方がいるかもしれない。危ない宗教とつながっている自己啓発セミナーのような気配を感じた方もいるかもしれない。しかし、著者である我究館会長の杉村太郎氏は、暑苦しくも危なっかしくもない方である。創刊して間もない頃にお会いしたことがあるが、心に熱いものを秘め、純粋で前向きな、そして礼節の心と謙虚さを持った好青年だった。さらに付け加えるならば、この本の内容には、人間の本質をとらえた素晴らしいくだりや仕立てがいくつもある。

杉村氏は、この本を発刊する前年に我究館という会社を設立している。創業時の事業内容をひとことでいえば就職予備校である。この本は、その予備校での学習内容がベースになっているものであり、ワークシートによる自己分析というスタイルは、我究館のオリジナルメソッドであった。

マスコミなどの特殊な業界の就職予備校は以前からあったが、普通の企業への就職をセミナー・講習会・演習スタイルで支援する会社は我究館が第一号だと記憶している。現在、巷には就職予備校、就職支援セミナーなど、大学生の就活をサポートする数多くの会社・運営組織があり、キャリア・コンサルタントと呼ばれる人たちがワークシートを活用しながら、「生き方」を、「キャリア・デザインの仕方」を、そして「エントリーシート・面接突破法」を説いているが、すべては杉村氏の真似である。

ワークシートには、「好きなこと・楽しかったこと」「くやしかったこと・満たされなかったこと」「私の生い立ちとこれまでの自分らしさ」「30歳の私、40歳の私」「大学生活マトリクス」「本番対策　自己PRの整理」「志望動機ブラッシュアップ」といったタイトルが並ぶ。

それらを概観すると、自己分析とは、自分自身の過去を振り返り、また現状を整理しながら、自分自身がどのような人間であるのかを、まず把握・理解する。続いて、社会に出て行く上での自身の人生ビジョンをイメージする。ここまでが狭義の自己分析だ。そして、どんなところでどんな仕事をすることが、自己分析から得られた自己イメージと合致するのかを考え、志望企業、職種、働き方を決定していく。さらに、本番に向けて「自分はなぜその会社を選んだのか」「自分はなぜその会社・仕事にふさわしい人間なのか」をプレゼンテーションする準備をする、という具合だ。

前述のとおり、多くの企業が「自己PR＋志望動機」をエントリーシートで、あるいは面接で問うている。その質問に対して納得度の高い回答＝内定をもらえる回答を用意するためには、このようなセルフワークを時間や手間を惜しまずにする必要がある、というわけだ。

†自己分析は、就活成功のための合理的な手段

確かに、大手企業・有名企業のエントリーシートには、そういうことを尋ねる質問が必ずといっていいほど入っている。最近の採用活動で、実際に使用されているエントリーシ

ートの主な質問をいくつか挙げてみよう。

電機メーカー

・学生時代に力を入れて取り組んだことについて、その目標と達成したことをご記入ください

・○○で実現したいことと希望職種の選択理由をご記入ください

精密機械メーカー

・あなたのセールスポイント・強みについてお聞かせください

・ご自身の経験をもとに、○○でチャレンジしたいこと、実現したいことをお聞かせください

生命保険

・自分の能力を生かして、特に取り組みたい分野・仕事について、具体的に教えてください

・自分自身を最も成長させたできごと、きっかけについて教えてください

・自由に自己PRしてください

総合商社

・あなたが過去にチャレンジしたことのなかで直面した最大の困難は何ですか。また、それに対してあなたが何を考え、どう対処したかについて記述してください

・あなたの将来の夢は何ですか。また、その夢を実現するために、どのような努力をしているか記述してください

人気企業、有名企業のエントリーシートの内容は、就活マニュアル本やインターネットサイトに出回っているので、誰でも入手できるが、その骨格は似通っている。言い回しや強調点には違いがあるが、どの会社も「あなたは、どんな人ですか？＝自己ＰＲ」と「あなたは、何がしたいのですか？＝志望動機」を問うている。

その質問に対する回答には、自身の独自性が求められるわけだが、誰もが感心するような素晴らしい経験や気付きを得ていたり、他の学生を圧倒するような能力や資質を持っている人は「ハイパー層」に限られるし、会社に入ってやりたいことといわれても、よく知らないものを知ったかぶりをして書いても底の浅さが割れてしまう。となれば、自分はどのような人間なのか、誰とも違う自分らしさとは何なのか、という個々の人間の固有の部

図表3-1　自己分析/エントリーシート作成の熱心さと入社企業満足度の関係

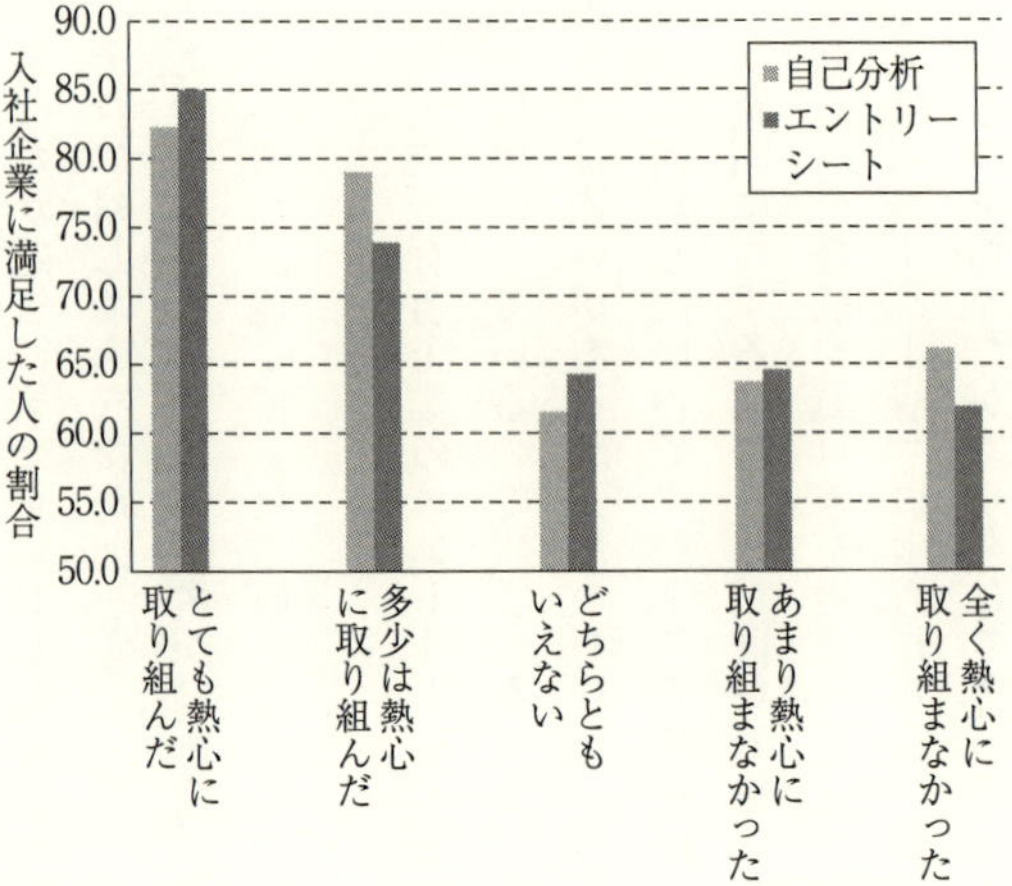

（出所）「20代キャリア／キャンパス調査」リクルート ワークス研究所 2009

分に立ち返って、自分ならではの回答を作り上げる必要がある。真正面から対峙するためには、自己分析は欠かせない、ということになる。

　しかし、今の大学生は、みんながみんなこういうプロセスを経て自己分析をしているのだろうか。こんなに「面倒臭いことをして」いるのだろうか。

　リクルート ワークス研究所が実施した「20代キャリア／キャンパス調査」によれば、54％の人が、就職活動において自己分析に力を入れたと答えている。また、エントリーシート作成については、60％の人が熱心に取り組んだと答えている。また、それぞれに熱心に取り組んだ人のほうが、いい会社に入ることができた、と実感している比率が高くなっている。「やりたいことをはっきりさせないと、就活はうまくいかないんだ」と主張する先ほどのOBの意見は、データの上でも支持されていることになる。

†「やりたいこと探し」は、アメリカ発

実は、この自己分析も、我究館が先鞭をつけたワークシートも、グローバルに見れば決して新しいものではない。アメリカの大学生は、もうずっと前から、自身の特性を知るためにアセスメントテストを受けたり、大学のキャリア・センターに顔を出してキャリア・カウンセラーに進路に関する相談に乗ってもらったり、あるいはインターンシップ（日本で行われているような1－2週間の研修のようなものではなく、2－3カ月の就業経験）を通して、働くということ、仕事をするということを「実感」し、頭の中で考えていたこととの摺り合わせを行い、自分自身がどのような仕事や職場環境に心が動くのか、適しているのかの見極めをしているし、ワークシートも日常的に使われている。

『私のパラシュートは何色？（原題は *What color is your parachute?*）』という就職ガイドブックは、1970年の発刊以来、毎年情報を更新して出版されている、大学生をはじめ

としたエントリーレベル就職者のバイブルであり、全世界で700万部も売れた書籍だが、中にはいくつものワークシートが出てくる（2002年には日本版が発刊され、私も監修に携わった）。

就活のど真ん中に位置する自己分析は、ほぼすべて、アメリカのモデルが原型になっている。第一章でご紹介したE・H・シャインの三つの輪のモデルもそうだ。それが、90年代に起きた採用活動・就職活動の激変の中で日本に輸入され、あっという間に定着したのだ。

†キャリア・デザインとアイデンティティ形成の密接な関係

自分は何を大切にしているのか、どのような対象や状況に対して心が動くのか。自身の価値観や動機を探索していく自己分析という行為自体には、もちろん意義がある。自身の価値観や動機を、テスト、ワークショップ、インタビューなど、さまざまなアセスメント方法を用いて特定し、自分が気づいていなかった自身の特徴、強みや弱みを知ることは、以降の行動や意思決定をする上で心強い指針となる。神戸大学大学院の金井壽宏教授は、就職などの節目を意識し、キャリア・デザインする＝自身の夢や方向感覚を持つことを勧めているが、その際にまず必要になってくるのは「自分を知る」ということである。

こうした文脈と密接な関係にある概念が、E・エリクソンが提唱したアイデンティティ（同一化）だ。子ども（児童期）から大人（成人期）へと移行していく青年期の発達課題として位置づけられ、よく「私は、何者なのか」とか「私は、何のために生きているのか」への答えであるかのように曲解されている難解な概念だ。

アイデンティティの原義は、「時空間を超えた事物の同一性」である。川の水が流れている以上川は同一ではありえない、という「川のアイデンティティ課題」や、時間を経過した上でなおその人の人格は同じといえるか、という「人格アイデンティティ」の問題などで語られているアイデンティティは、同じものかどうか、というとてもシンプルな概念だ。エリクソンのアイデンティティ論も、一見すると難解だがこの原義に基づくとすんなりと解釈できる。

それは、自己の中にあるさまざまな志向や価値観が、同一＝ひとつにまとまっているのか、という「自己アイデンティティ」の視点、そして、ありたい自己と社会が見る自己とが同一＝一致しているかという「心理社会的アイデンティティ」の視点によって説明される。

人は、大人へと成長していく過程で、親のマネをしたり、友人から怒られたり、教師の発言に影響を受けながら、つまり他者への同一化を繰り返しながらさまざまな「私」を無自覚的に形成していく。しかし、その「さまざまな私」は、決して統制のとれたものではない。「何かで一番になりたい私」がいる一方で「怠け者である私」がいることがあるし、「人との関係は大切にすべきだと考えている私」と「挨拶ができない私」が同居していたりする。ある友達集団と、別の友達集団とでは、出現する「私」が全く異なるということもある。

しかし、ある時に、そうした状況に対する疑問が湧いてくる。相矛盾する「私」を同時に抱え込んでいる私とは何者なのか、私にはどんな意味や価値があるのか、この後の人生はどうなってしまうのか。その時、人は、自分の物語を求める。さまざまな「私」の重みを諮り、並べ替え、筋の通った物語を作り出そうとする。首尾一貫した「自己物語（self-narrative）」を作り出すことで、自分は何者なのかを明らかにしようとする。

青年期の自己アイデンティティ形成とは、つまりは、自分はどんな経験をし、どんな志向・価値観を持ち、それを踏まえて、今後どんなことを大切にし、どんなことをしたいのか、という人生の時間的な連続性を、自分なりに作り出していくことである。子どものころ＝児童期までは無自覚に形成してきた「さまざまな私」＝同一化群を、おとなになる＝青年期が経過していくなかで、新たな「私」を基軸に、再構築していくことである。

練習試合でセンターを守っていて、監督は「そこに立て！」と言った。しかし、実際そこに立っていると、コーチが横で見ていて「そこじゃないやろ、もっとこっちや！」と言った。その時私は、言われるとおり動いたのだが、次に守備につくとき、どっちで守ればいいのだろうかと随分と悩んだことを覚えている。

その後のことはよく覚えていないが、徐々に、監督の言う守備位置でもなくコーチの言う守備位置でもなく、ピッチャーの投げる球筋、右バッター、左バッター、バッターの構え方などから見て、「大体、球があそこに行って、あの構えで振ったら、球はここらへんに飛んでくる可能性が高いな」などと考えて、ピッチャーの投げる一球ごとに守備位置を少しずつ変えていくようになった。

これは、大学生研究の第一人者である京都大学・溝上慎一准教授の著作『自己形成の心理学――他者の森をかけ抜けて自己になる』に記述されている、溝上氏自身の少年野球におけるエピソードだが、自己アイデンティティ形成のプロセスが表されている好例だろう。

†アイデンティティ形成に必要な、他者からの承認

しかし、その価値基準＝新たな「私」の確立もまた青年期の発達課題であり、「自己定義」の形成と表裏一体で進められる。その形成プロセスは試行錯誤の連続である。ある役割＝自己定義や価値を社会で試してみて、それが社会で受け入れられれば、その役割は維持され、うまく受け入れられなければ、役割の修正や変更を迫られる。このように自己定義や価値を模索していく一連の行動を「役割実験」というが、ここでも再び他者が登場する。自らとかかわる他者、そして両者をとりまく社会に、その役割を支持され、承認されることが大切なのだ。そして、そうした支持・承認によって獲得されるのが「心理社会的アイデンティティ」である。自己（自己定義と価値）と社会が見る自己との一致であり、「斉一性（sameness）の修復」と呼ぶものである。

大学院進学を迷う学生との会話。就職すれば、話は簡単。親も満足する。しかし、勉強を続けたい。研究もしてみたい。でも、自分にできるだろうか。親の反対を押し

切るだけの自信がない。「でも、やる。でも、これが自分の道だ」そう言うために、何が必要か。なんとしてもやりたいという熱意。これしかないという覚悟。ある種の使命感。そして、本当はもうひとつ。誰かにその決心を認めて欲しい。君ならやれる。そのひとことが欲しかった。

これは、京都大学大学院の西平直教授の論文「「アイデンティティ」出自——その言葉の生きて働く場面」に登場する、とある大学生のエピソードである。自分なりの自己定義はできているのだが、確信が持てない。それが、確信に至るためには、他者からの承認が必要だった。そして、その他者とは、ここでは、彼が身をおいているゼミの教授かそれに準じる立場にいる人であろう。心理社会的アイデンティティの形成においては、「役割実験」を通しての、青年がその自己定義を持って生きていく社会を多かれ少なかれ代表する他者の承認がなくてはならないのだ。

†大学での学びがアイデンティティ形成とつながっている米国

では、この枠組みを使って、アメリカと日本の大学生の職業的なアイデンティティ形成のプロセスを比較してみよう。

アメリカに限らず西欧社会のほとんどにおいて、大学の専攻と社会人の進路は接続している。法を学べば法律関係の仕事に就くし、会計を学べばその関係に。ビジネススクールで学べば企業の経営幹部候補として。だから、大学に進学する時点で、彼らは自分なりの新たな価値基準＝新たな「私」を、自分なりの「自己定義」を仮決めする。

講義は「役割実験」の場だ。その講義で出しているパフォーマンス（講義中の発言内容や、レポートの成績）によって、自身がその関係の職業について獲得するだろう役割との摺り合わせを行っているわけだ。想定したものと異なり興味関心が湧かなければ、すぐに転部を検討するし、向いていると思っても低い評価であれば希望する進路には進めない（米国の大手企業・人気企業は、大学の成績を重視する。ある程度以上のスコアがないと選考プロセスから排除される。ちなみに、学部はもちろんのこと大学も指定されている。指定大学以外の学生が応募しようとしても「あなたの大学であれば、入社するためには中途採用の機会を利用してください」と、門前払いをされる）。

「役割実験」の最大の場は、インターンシップだ。専攻を活かした仕事に就ける機会（といっても、アシスタント的な仕事ではあるが）であるし、企業という生の現場に数カ月間身をおくことができる。高い倍率を勝ち抜いて志望する企業のインターンシップに参加し、それなりの成果を収めれば、採用されるチャンスが広がる。アメリカの新卒採用では、主要企業の多くが、インターンシップ参加者からの採用を行っているからだ。採用枠の大半を、インターンシップ参加者に当てている企業も少なくない。

つまり、インターンシップという「役割実験」の結果によっては、最も意義のある「他者からの承認」が得られることになるわけだ。また、志望企業ではない企業でのインターンシップにおいても、その評価が高ければ推薦状を発行してくれるケースも少なくない。他社への応募に際しても、有効な評価基準になるのだ。

このように、アメリカにおいては、進路を決めて大学に入学し卒業するまでの学びのプロセスすべてがアイデンティティ確立そのものなのだ。自分は何ものか、自分はどうなりたいのかを仮決めして大学を選び（自己アイデンティティの緩やかな形成）、学びのなかでその確証を獲得していき（自己アイデンティティと心理社会的アイデンティティの交換によるダイナミックな形成）、職業生活にデビューする。時間を掛けて形成していくのだ。

†就活の結果としてアイデンティティ形成がなされる日本

日本の場合はどうか。より顕著な対比にするために、専攻と職業がある程度接続している理系ではなく、文系に絞って話を進めたい。大学の専攻と職業の接続がほとんどないといっても過言ではないことも手伝って、大学選択に関する主な基準は、偏差値やブランド、キャンパスのロケーション、雰囲気などであり、専攻のウェイトは低い。大学入学に当たって、職業的な自己アイデンティティの形成を始める人は少数であり、その傾向は入学難易度が高い高偏差値大学ほど顕著である。

必然的に、学びの多くが職業的な自己アイデンティティの形成につながることはない。教える側にも、そのような意識は希薄である（対話型の授業や学生主導型のゼミなどを通して、学生に自己アイデンティティ形成の機会を提供する志の高い教員も存在するが、あくまで少数である）。学生側も、単位が取りやすい「楽勝科目」「楽勝ゼミ」の情報が重用されるなど、学びに対する動機が欠落している。しかしながら授業への出席率は向上している。一定の出席率がないと、単位が取得できないという授業が増えたこともあるが、「学生なのだから、講義に出るのは当然だ」といった意識が強いことがその主な要因だろう。現在の若年層は、枠組みや規範を、従順にあるいは無抵抗に受け入れる傾向が強い。

こうした日常風景のなかに、異彩を放つカリキュラムが混在している。「キャリア教育」と呼ばれる大学での学びと将来の進路を有機的に接続させるための施策である。キャリア教育は「望ましい職業観・勤労観及び職業に関する知識や技能を身に付けさせるとともに、自己の個性を理解し、主体的に進路を選択する能力・態度を育てる教育（1999年の中央教育審議会答申より）」と定義されるが、大学においては「学生（院生を含む）のキャリア発達を促進する立場（目的）から、それに必要な独自の講義的科目やインターンシップなどを中核として、大学の全教育活動の中に位置づけられる取り組み（2005年の社団法人国立大学協会 教育・学生委員会の報告書「大学におけるキャリア教育のあり方」より）」と位置づけられている。

インターンシップをはじめとする就業体験がその主なプログラムではあるが、その場に臨むに当たって「自己アイデンティティの仮決め・緩やかな形成」がなされている学生が少ないことにくわえ、日本で実施されているインターンシップの大半が2週間未満の短期のもの（ワンデーインターンシップと呼ばれる一日だけのものも多い）であったり、実務を体験できる「実習型」あるいは「アルバイト型」ではなくその会社の業務に関連したプログラムに参加する「研修型」であることも手伝って、そのプログラムが「役割準備」の機能を果たしているとはいえないのが現状だ。だが、その機会が「自己アイデンティティの仮決め・緩やかな形成」の呼び水にはなっている。就活が始まる前に、キャリア教育の機会を契機に「やりたいこと探し・自分探し」を始める学生は少なくない。

しかし、後に就活エリートとなっていく学生に顕著なのが「インターンシップをしておくと就活に有利であるらしい」という動機からこれらの施策に参加する傾向である。本来の目的である「役割準備」ではなく、それが、やがてやってくる大学生活のビッグイベント＝就活を成功裏に終わらせるためのポイント稼ぎの「手段」ととらえて参加するのである。

この傾向はインターンシップに限らない。サークル活動などについても、単純に楽しむためというよりも、就活の際に有利、という理由で取り組んでいる学生は少なくないのだ。就活のシーズンになると「サークルで幹事をやっていました」「サークルを立ち上げました」という学生がたくさん増えるといわれるが、気のあった仲間数人とサークルを作り、それぞれが役割を担い、何がしかの活動をしている学生は実に多い。気心の知れた仲間内での活動では、タフで有意義な経験につながることは期待できないのだが。

「京都大学／電通育英会共同　大学生のキャリア意識調査2007」によれば、大学生活の重点ポイントは「何事もほどほどに」、次いで「勉学第一」だという。サークル命、バイト三昧といったかつての大学生像とはかけ離れた生活パターンが、そこには生まれている。勉強をまずは押さえつつ、どれもバランス良くこなしていく、という姿勢の学生が増えている。

研究指導などでいつもお世話になっている一橋大学の守島基博教授は、最近の大学生を「プチ・サラリーマンのようだ」と評する。彼らは忙しい。システムダイアリーには、たくさんの予定が書き込まれている。しかし、何かひとつのことにこだわって没入している学生は少ない。授業にもきちんと出席し、サークルも真面目に参加し、バイトもそれなりにする。それ以外にも、いろんな機会があれば参加する。キャンパスライフを充実したものにしたい。彼らが最も怖がるもの、それは「ヒマな時間」だったりする。

その背後にあるのは、おぼろげながらも強く感じている就活へのプレッシャーだ。彼らは、やがて来る就活に備え、「自己PR」の材料を作り出すかのように行動しているのだ。そこには、アイデンティティ形成という文脈は皆無である。高偏差値大学に入るのが目的であるのと同じように、名の通った企業への入社を果たすという目的のために、バランスよく多くの経験を「消費」していく。

ところが、である。このようなキャンパスライフによって、自己PRの代表的な質問である「大学時代に力を入れたこと」に関する回答バリエーションは獲得できても、「あなたのやりたいことは何ですか」という志望動機の回答バリエーションが得られることは、まずない。何か一つのことに没入し、試行錯誤や大きな葛藤を経て何かを成し遂げた、というような経験があれば、その中から新たな「私」を発見していくことも可能だが、「ほどほど」の学生は、そのような経験を積んではいない。

そして、それを問われる瞬間から、つまり、就活が佳境を迎えるあたりから、多くの大学生は迷走を始める。そして、就活というゲームのルールを理解している就活エリートは、自己分析というパッケージシステムを使いながら、自己アイデンティティの緩やかな形成から本格形成までを、凄まじく短い期間のうちにやりきってしまうのだ。

『絶対内定』の一文を、再度引用する。

必要なのは「自己分析の結果」を知ることではない。心から自覚することだ。だからこそ自分ととことん向き合うプロセスが重要なのだ。

その過程を通じて「本当にそうなのか」「なぜ?」「ほかには?」と、自分に何度も何度も語りかけ、悩んだり、自分の至らなさに気付いて落ち込んだり、仲間や先輩と超本音で語り合い、愛情や友情や強い絆を感じたり、時に涙したり。そして、ある時、自分の心からの思いをリアルに感じ、もやもやとしたものが晴れて、これまでの自分を受け入れ、内面が変化していくのを感じるだろう。自分が研ぎ澄まされていくのを感じるだろう。仲間と心が震えあい、高めあっているのを感じるだろう。勇気や行動力が溢れていくのを感じるだろう。
(太字は引用者)

多くの就活エリートたちは、実際にこのような「至福の時」を経験している。我究館などの就活予備校のワークショップで、という人もいるし、友人同士、就活仲間同士との対話の中から見つける人もいる。企業の説明会に参加して、という人も、選考活動が始まり、その結果によって、という人もいる。「自分は何がしたいのだろう」と、悶々と考えていたのが、ある瞬間を境に、すっと整理されていく。アメリカの学生が掛けている時間よりきわめて短いながらも濃密な悩ましい時間を経て、自己アイデンティティの緩やかな形成から本格形成がなされ、自己の一貫したストーリーが形成される瞬間だ。

そして、エントリーシートの選考通過、面接の通過、内定という「他者の承認」によって心理社会的アイデンティティも形成されていく。最初のうちは「なんとなく、こんなことがやりたいかなあ……」という程度にしか思っていなかったことが、短期間のうちに幾度となく繰り広げられる「他者からの承認（あるいは否認）」によって凄まじい勢いで試行錯誤を繰り返しているうちに、「なんで今まであんなに迷っていたのだろう。私のやりたいことはこれに決まっているじゃないか」という水準に高まっていく。

就活のなかで、学生は成長する、とよく言われる。最初のころは、面接でまともに発言できなかった学生が、いつの間にか自信に満ちた態度で初対面の面接担当者と対話できるようになる。その正体は、このようなメカニズムによるものだ。就活が始まる前には子どもの姿かたちをしていたのに、悶々としている蛹《さなぎ》の時期を経て、瞬く間に成人へとメタモルフォーズしていくのだ。

†即席アイデンティティ形成の大きな落とし穴

いかがだろうか、アイデンティティ形成の日米比較は。アメリカの大学生に比べればかなり即席だけど、まあ同じようにアイデンティティが形成されているのだから、自己分析を中心とした日本の就活システムもまんざらではない、という見方をする人もいるかもしれない。そして、確かに彼ら就活エリートは、悩ましい時間を経て至福の時を獲得し、意中の企業に承認される形で、このビッグイベントを成功裏に終わらせる。気がつくと、当初の目的＝ブランド企業の内定獲得だけではなく、自身のアイデンティティ確立というおまけまでついてきている。

しかし、問題はここにあるのだ。自身のアイデンティティ確立をしてしまうことにあるのだ。確立されたアイデンティティは、多くの場合、解体される運命にあるからだ。それは、そのアイデンティティが「やりたいものは何ですか？」に対する答えを中核として形成されるからである。「5年後、10年後にどのような自分でありたいか」といったキャリア・ゴールにこだわるキャリア観＝「ゴール志向」を中核として形成されるからである。

第一章で配属のエピソードを紹介した。意中の所に配属されないことに、新入社員が強い抵抗を示す、という話だ。

アメリカで、そのような話はまずない。そうだろう。専攻とその成績、企業での就業経験が選考基準になっているわけだし、そもそもどのような事業部でどのような仕事に就くかを約束して採用されるのが、かの国をはじめとした世界のスタンダードである。それが、学びと職業の接続という意味だ。だから、アメリカの大学生⇓若手社員は、大学生活を通じて形成されたアイデンティティを、「ゴール志向」をベースとしたキャリア・スタンスをベースに、自身のやりたいことを実現していく。そういうシステムなのだ。

だが、「あなたがやりたいことは何ですか?」という質問は、そういう意味から来るものではない。あなたの職業的なアイデンティティは何ですか、と問うているのではない。キャリア・ゴールを聞いている質問ではないのだ。その人間が「かつてない局面におかれたときに、自分の頭で自律的にものを考え、判断し、目標を設定し、やりきることのできる人間か」を問うための質問なのだ。

多くの大学生は、そんな企業の腹のうちは分からない。「やりたいことは何ですか?」と問われたら、その額面通りの意味として受け止め、自身の思いの丈をぶつけるしかない。そして、内定をもらえたならば、その思いを評価し受け入れてくれた、と思い込むのだ。

一橋大学キャリア支援室のシニアアドバイザー・高橋治夫氏は、こう語っている。

「内定をもらって喜んでいる学生に言うんですよ。面接の時に言った内容が評価されたと思うなよ、と。今の学生はそう思い込んでいるんです。自分の意志や考えが評価された、そして、それをやらせてくれるものだと思い込んでいるんです」

多くの企業は、大学生に職業的なアイデンティティの確立を望んでいるわけではない。やりたいことを決め、その道に進むと決めた、という学生を採用したいと思っているわけではない。だから、選考時に問われた「やりたいことは何ですか?」という質問に対する答えは、その学生を採用するかどうかの判断材料ではあっても、その学生が入社した後にどんな仕事をしてもらうか、の判断材料にはならないのだ。

ここに、学生と企業との大きなズレが生まれる。熱心に就活に臨み、苦労の末に自分の「やりたいこと」を見つけ、それが第一志望企業に受け入れられた、という成功体験を獲得した就活エリートは、この大きなギャップを内在することになる。

†ゴール志向が生み出すキャリア・スタンスの歪み

私の分析では、学生時代に「ゴール志向」を強く持っていた若手社会人は第一志望企業に入社を果たすが、現在のアイデンティティが揺らいでいるという顕著な傾向が見て取れる(詳細は、以下の論文を参照して頂きたい。/「就活に潜むリスク」Works Review Vol. 5 2010 リクルート ワークス研究所)。企業からの内定によって「斉一性(sameness)の修復」がなされ、職業的なアイデンティティが確立したはずなのに、逆になってしまっているとは何としたことだろう。「やりたいこと」を見つけてしまうと、迷走してしまうということだ。

「5年後、10年後のキャリア・ゴールを明確にデザインしていくことが大切だ」

というゴール志向を強く持つことの危険性を、この分析結果は明確に表している。就活が歪めるキャリア観とは、ゴール志向を強く持ちすぎることだったのだ。それも、アメリカ人のように、講義、インターンシップなどの日常的かつリアルな場における「役割準備」とそれへのフィードバックを経たものではなく、就活における、面接やエントリーシートといった非日常かつ仮想の場での「役割準備」とそれへのフィードバックに基づくゴール志向に、キャリアの危機が潜んでいる。就活エリートとして社会人デビューし、「やりたいことをはっきりさせないと就活で失敗する＝私は、やりたいことをはっきりさせたことで、就活で成功した」と後輩達に主張する多くの人たちは、今も大きなキャリア・リスクを抱えているのだ。

こうした現状に、以下のような意見を持つ方がいるかもしれない。

「学生がやりたいといっていることは、入社後すぐにできるようなことではないものが大半だ。まず、現場でいろいろな経験を積み、その経験を活かしてチャレンジしていってもらいたい」

この意見の前提はこうだろう。現場での経験によって、自身の志向・適性を確認し、それによって将来のキャリアを決めていく。適材適所こそが企業にとっても個人にとっても好ましいのだ、と。昔から現在に至るまで多くの日本企業が採用している配属・育成スタイルだ。この考え方に全く問題はない。しかし、だったら、やりたいことを問うべきではない。入社し、仕事をする中で自身のキャリア・ゴールを発見していってほしいとメッセージすべきだ。キャリア・デザインというと、5年後、10年後のキャリア・ゴールを設定する「山登り型」を多くの人が想定しがちだが、キャリア初期には激流に身を任せ、次々と訪れるさまざまな難題に対処する中から自己を発見していく「筏下り型」のほうが望ましいのだ。

こんな感想を持たれる方もいるだろう。

「昔から、配属が本人の意向に沿わないというケースはままあった。今の新入社員がワガママになったのではないか」

確かにワガママに見える。しかし、彼らはそうなりたくてなったのではない。彼らは、「やりたいことは何ですか?」という質問に対する明確な答を、一生懸命に考えただけなのだ。

就活に見事に適応し、意中の第一志望企業へと入社を果たした就活エリートの迷走。それは、形成された自己アイデンティティと心理社会的アイデンティティを、その形成において最も重要な位置づけであった「他者＝第一志望企業」から、解体されるというストーリーだ。その会社の投げかけを受けて、迷走を繰り広げながら、やっとの想いで形成した自己アイデンティティ。内定獲得、つまり「「最も重要な他者＝第一志望企業」からの承認」によって形成された社会心理的アイデンティティ。それが、初期配属をはじめとする施策によって解体を余儀なくされる。あるいは、初期配属が意向に沿わなくても持ち続けていた「いつかは実現できる」という想いが、時間の経過とともに、現実が見えてくるとともに、緩やかに崩壊していく……。しかし、彼らは、メタモルフォーズしてしまったのだ。蛹の時期へと戻れはしないのだ。

第四章

面接という舞台が生む錯綜

「最近の学生は、噂どおり手ごわいね。最後のところでは、私にも自信がないな」

日本で一、二を争う規模のメーカーの人事部長の発言である。20年来のおつきあいであり、大卒採用の経験も長く、私の知る限りでは、最も「人物を見抜く力を持っている」と思っている方の発言だけに説得力があったし、自身の感覚ともフィットするコメントだった。

†武装した学生、対抗する企業

学生の面接対応レベルが、ここ数年で劇的に上昇している。志望動機や自己PRを覚えてきて、そのフレーズを再生しているような学生は今も少なくないが、そういった「大人が見ればすぐに分かる、取ってつけたようなマニュアル対応」とは一線を画した、当意即妙な、かつ理路整然とした受け答えをする学生が続出している。

現在、主要企業が実施している面接の多くは、「人柄を判断する」というようなかつての牧歌的なものではなくなっている。具体的な質問を提示し、その回答内容から、本人の思考行動特性を抽出する……自立性、主体性をもった人材かどうかを判別する場となっている。一対一の面接ではなく学生数名を一堂に会する集団面接、あるテーマに関して自由に議論してもらう中で、それぞれの特性を見抜いていくグループ・ディスカッションなど、その手法も多様化している。そのような高度化に対応して、学生も対策を講じるようになってきたのだが、近年は、そのレベルが確実にアップしているのだ。

企業側も、こうした状況をいち早く察知し、然るべき手を打っている。そんな学生の仮面を剝ぎ取るために、深く掘り下げる質問、思いもかけぬ質問などを駆使している。

代表的なものに、構造化面接、半構造化面接と呼ばれる手法がある。評価のポイントを明確にし、全員に聞く質問を予め定め、評価基準を共有し、そして面接者の訓練を施し、安定した評定を行うものだ。程度の差はあるが、人気企業、有名企業の面接はこのように設計され、準備されている。

面接回数を増やしている企業も多い。「一次面接は○○を見る」「三次面接では、××を判定する」など、面接の段階ごとの評価基準、焦点を明確にし、ステップごとに違う観点から面接を実施していく。こうすることで、本音を引き出したり、話の信憑性を見極めたりしていく。事実を掘り下げていく面接、「なぜ？」を繰り返していく面接も多用されている。学生が回答した内容・経験について「なぜ、それをすることになったのか？」「その時にどう思ったのか？」「そう思ったのは何故なのか？」「どんな工夫をしたのか？」

「最大の困難は何だったか?」などと、深く掘り下げていくのだ。そうすることで、学生の過去の行動事実を掘り下げ、思考行動特性や対人能力などを推定していくのだ。作られたエピソードであれば、すぐにぼろが出てしまう。学生には「圧迫面接」と呼ばれて疎んじられているようだが、その人の「人となり」「過去の行動履歴」「思考行動スタイル・パターン」を徹底的に洗い出すには効果的な面接スタイルだと思われる。

このように、学生の習熟に対しては、各社なりに対策を講じている。テクニックだけで中身がない学生は判別できる、というわけだ。

しかし、私は前述の「自信がないな」という人事部長のコメントが、多くの企業の本音なのではないかと思っている。然るべき手は講じているのだが、その実効があがっているかどうかについては、いまひとつ自信がない、というのが、偽らざる心境なのではないだろうか。

そして、そのような状況を招いている要因は、実は面接という手法にあるのだ。各社が面接を重視し、工夫をすればするほど、就活エリートは彼らの能力をフルに発揮してしまうのだ。危険な能力を。

†その「軸」は、ホンモノか

企業の採用責任者が、あるいは就職予備校の講師が、そして当の学生たちも頻繁に使う言葉がある。「軸」という言葉だ。

「その人なりの軸が見えてくるかどうか」

「私の軸って、何だろう……」

というように使う。その人なりの思考行動特性や能力、価値観、それらが一体となったパーソナリティ（個性・人格）を指している。そして、面接とは、その人の「軸」を探り出していく場だ、と捉えられている。そのために、学生が自己PRをするために持ち出す経験を掘り下げたりしながら徹底的に聴き込むことで、「本当に自律性があるのか」「人を動かすリーダーシップを発揮してきたか」などを見極めたり、思わぬ質問を投げ掛けたりして、その人の素顔の部分に迫ったりする。徹底的に丸裸にしていくという戦術だ。その結果、いろいろ聞き出しても「軸」がよく見えない、分からない、という学生にはNGのレッテルが貼られていく。また、「軸」が見極められた人の中でも、各社の求める人物像にフィットしない学生はオミットされていく。

「軸」とは、第三章で解説した自己アイデンティティを指している。過去のたくさんの「私」を取捨選択しながら並べ替えて作り上げる首尾一貫したストーリーこそが、その人の「軸」だ。この「軸」を自覚している学生でないと、厳しい選考には通らない。

しかし、自己分析などを経て自己アイデンティティを形成した就活エリートにとっては、こうした面接は怖くもなんともない。深掘りされても、自分の中で形成されている首尾一貫したストーリーに出てくる場面の話をすればいいわけであり、思わぬ質問を受けても、自分なりの価値基準が形成されているから、それに立脚した回答をさほどの時間を要さずに提示できる。

ただし、そこで提示されている自己アイデンティティは、就活という特殊なイベントの中で即席に形成された、やや危なっかしいものである。本当にその人の「軸」なのかが疑わしいのだ。

人には、自己への注意の向け方……自己意識に特徴がある。動機、感情、理念などのように、それを経験している本人にしかわからない自己に注意を向ける〝私的自己意識〟が強い人と、容姿などの見た目や行動などのように、他者にも観察できる自己に関心を向ける〝公的自己意識〟が強い人とに区分される。〝私的自己意識〟が強い人は自己の感情状態を正確に捉える能力を持っているので、外的な評価などに惑わされずに自身を特定できるが、〝公的自己意識〟が強い人は、他者の示す態度や表情に敏感であり、他者の目を気にして自己を演出したりついつい人に同調したりしがちだという。

就活というイベントの最大の特徴は、学生に応募したさまざまな企業から「ジャッジ」が下されることだ。つまり、外的な評価が気になって気になってしようがないイベントである。公的自己意識が強い人は、志望企業の意向や、その企業に内定をもらえたときの友人などの評価に敏感になってしまうに決まっているし、私的自己意識の強い人であっても、日常であれば気にならない外的な評価についつい耳を傾けてしまいがちだ。

彼らが行う自己分析、そして、形成される自己アイデンティティは、そうしたバイアスが加わったものになりがちだ。特に、受験勉強にしっかりと取り組み有名大学に入った大学生ほど、この呪縛にかかっている。会社のブランドイメージ、知名度、人気、仕事の社会的ステイタスや流行など、外的なものに強く影響を受けている。そうしたものに惹かれる気持ちが、自分らしい首尾一貫したストーリーではなく、その企業が求めている人物像になるように、首尾一貫したストーリーを「創作」してしまう。

†採用とは「入りたい人を採ること」か？

最近の面接には、「丸裸〜軸探し戦術」のほかに、もうひとつの傾向がある。自社の志望度について、こだわる企業が増えているのだ。「入社意志や、志望度を見極め、強く入社を望んでいる人を採用する」「結婚同様に、相思相愛であることを重視している」といった意向をもち、実際の面接でダイレクトにあるいは遠まわしに志望度を問う企業が増えている。わが社が第一志望である、という意志がハッキリしない学生は採用できない、ということだ。

結婚のたとえはうなずける。相思相愛での結婚を望まない人はいないだろう。それに、入社時の志望度が高いほど、入社後のモチベーションも高まり、活躍を期待できそうだ。

また、内定辞退者を出したくないという意図もある。就活エリートが3－5社から内定をもらっているとすると、1人につき2－4社は袖にされることになる。100人に内定を出しても、下手をしたら最終的に20－30人しか残らないかもしれない。これでは企業としてもたまったものではない。内定辞退者を極力出さずに、歩留まりを上げるような採用活動をすることは、理に適っている。

しかし、である。採用とはそういうものだろうか。入りたい人を採用する、という性格のものでいいのだろうか。

採用とは、ほしい人を採ることである。その人が、自社に興味を持っていなかったとしても、この人間は当社で活躍できるはずだと思う人であれば、口説き落としてでも入社させる、という性格のものである。それなのに、第一志望であるかどうかを問うのはいかがなものだろうか?

「軸」が見えない、という理由で排除してしまうことにも危うさを感じる。確かに、その人本来の「軸」を明確に自覚し、それを面接の場で伝えられるコミュニケーション技術を持っている人は、企業の中で活躍しそうに思える。しかし、前述のとおり、その人本来の軸を自覚できているかははなはだ危ういものである。

また、私が過去にお会いした多くの人事責任者、採用責任者の中には、こういうことをおっしゃる方がとても多い。

「今の選考であれば、私は入社できなかったでしょう」

その方は、その会社で評価され活躍しているにもかかわらず、就職活動をしていた学生の当時には、自分の「軸」をきちんと自覚していなかったということだ。それは今も昔もある意味では「当然」なのだ。日本の高等教育と職業は、欧米社会のように接続していない。企業に入っても、どんな仕事をさせてもらえるのかはわからない。だから、新人・若手時代に担当した仕事をする中で自身の「軸」を確立していくしかなかったのだ。ことの是非はともかくとして、わが国は、そのようなシステムで、今日に至るまで国際社会の中で戦ってきたのだ。

そうした背景の違いを踏まえずに、選考時点で「軸」を問う。それが、結果的には職業アイデンティティ形成のレベルを問うているように聞こえる「あなたは何がしたいのか?」という質問に集約され、第三章で触れたような「過度なゴール志向の高まりによる、就活エリートの迷走」という現象を生み出している。

そして、もうひとつ大きな問題がこの採用システムの中には潜んでいる。いまの大手企業の採用活動の基本は「排除の論理」で構成されている。減点主義的な発想による応募者の絞り込み。採用する人ではなく、採用しない人を決めているかのようだ。ウェブサイトなどの情報発信によって、自社に興味・関心を持った採用母集団を形成する。エントリーシートを書かせるという手間を掛けさせることで、その母集団の中で自社への興味・関心が薄い層を排除する。テストを実施し、期待する学力レベル、期待する思考行動特性との開きがある層を排除する。面接では、「「軸」を明確に伝えられなかった学生」「第一志望ではない学生」を排除する。残った人が、その企業の内定を勝ち取る。排除された人の中に素晴らしい逸材が潜んでいた、という可能性は否定できないだろう。こうした一連の活動を「不採用活動」と名付けた特集記事が一部メディアに見受けられるが、的を射た表現であろう。

そして、そのような構造になってしまっている最大の問題。それは、面接という最終選考手法にあまりに過度な信頼を置いているから、ではないだろうか?

†いつの間にか選考プロセスのコアになった面接

大手企業の大卒採用において面接という手法が重視されるようになったのは近年のことだ。90年代中盤、自由化期に突入するまでの採用においては、面接は今ほど重視されていなかった。では、何が重視されていたのか。

時代によってそのポイントは少しずつ変遷するが、今に至るまで変わらない最大のポイントは大学のランク、ブランドである。指定校制が機能していた時代には絶対的な評価基準だったが、「大学名で差別するとは何ごとか、機会は均等に提供せよ」というオープン思想が支配している現在においても重視されている。インターネット上では、公平公正に採用情報が公開されているし、「大学名不問」と謳っている企業も一部にはあるが、東大・一橋・早慶の学生と、偏差値50以下の大学とでは、企業からの提供情報の量も質も全く違う。

大学の成績が評価されていた時代もある。ある企業であれば、優の数が半分以上ない学生は大学側が推薦状を書かない、などの暗黙のガイドラインが存在していた。筆記試験のウェイトが高かった時期もある。そのシステムは、今も公務員試験などに残っている。

このような学力に関する客観的事実、結果、データという判断基準は、いつの時代も、大きな柱であった。こうしたものの価値が、この20年の間に相対的に低下している。

低下しているもうひとつの柱、それは、媒介としての「人」である。

縁故採用は、コネクションを略した「コネ」というネガティブな響きを伴った言葉の威力もあって下火になってしまった。会社の上層部や重要顧客の子女・知己などの優遇措置は排除されるようになった。社員の直系親族の応募は認めないという企業もある。しかし、従業員や従業員の知人などを介したものはすべて縁故であり、日本の中途採用市場では、今も4割の人が元従業員や顧客からの紹介などによる縁故で仕事を決めている。アメリカの大企業の採用経路のトップも従業員などからの紹介・縁故であり、3割近くを占めている。従業員からの社員候補者の紹介を推奨していて、採用決定に至ると、その従業員にインセンティブが支払われる仕組みを持つ企業も多い。

大学推薦、教授推薦もずいぶんと廃れてしまった。20年前までの採用担当者の重要な仕事の筆頭は、主要大学の就職部長、就職担当教授、主要研究室の教授とのリレーション作りだった。そうした媒介者に、自社の実態、要望を理解してもらい、然るべき学生を紹介してもらう、といった関係作りが、大学という人材斡旋機関を巧みに活用することが、採用する人材の質に大きな影響を与えていたのだ。しかし、大学や教授からの推薦者をすべて受け入れることに対する抵抗や、大学や教授の推薦に頼らない自由応募の学生のほうが意欲が高い、という判断から、今では、理系採用においてもそのシェアは3割にまで減衰している。また、その多くは、学生が内定を獲得した後に、企業が保険の意味で求める「後付け推薦」となっており、本来の機能はほとんど果たしていない。ちなみに、近年のアメリカでは、主要大学、主要教授との関係構築によって、効率的に質の高いエントリーレベルの人材を確保するという取り組みが脚光を浴びている。

「人」を媒介としたシステムのもうひとつの全盛、それはリクルーター制だろう。

判断の材料は、リクルーターたちが少なからず同じ時間を過ごす中で抱いた「この学生とは、一緒に仕事をしてみたい」というフィーリングであった。ゼミやクラブ・サークルの先輩であるOB・OGから連絡が入る。こんど一度食事をしよう。その場にいってみると、同級生も何人かいる。雑談をしたり、就職に関する話も少ししたり。その場が散会して程なく、二回目の呼び出しがかかる。今度は一対一。そんな付き合いを重ねるうちに「うちの会社に来ないか?」という誘いがかかる。

メリットの少なくないシステムであったが、このリクルーター制度、1996年の就職協定廃止と相前後して、急速に廃れてしまった。OBリクルーターとなる人材の質、リクルーターと同じようなタイプの人材がそろってしまう弊害、そして、水面下で特定の大学に偏った採用をしているという社会的な批判とさまざまな問題があり、下火になってしまった。平成景気に乗って採用数が急増した00年代中盤に、大手企業の多くがリクルーターを活用し始めてはいるが、そのミッションや実態は以前のものとはやや異なる(詳しくは、第五章で掘り下げたい)。

こうした、学力に関する客観的事実・指標に基づく、あるいは「人」を介する手法は、それ単体で成立するのではなく、基本的には面接との組み合わせであった。最後は面接であり、最終ジャッジは経営陣や採用責任者が人物を見てから、というスタイルであった。だが、面接の比重は今よりもはるかに軽かった。

†「非日常」の場での「主観」情報という偏り

面接という手法の特徴は何か。大きな特徴のひとつは、密室のような非日常の場においてそれがなされ、そこで得られた情報によってジャッジがなされることである。縁故（商取引上のバーターは除く）、推薦のような、学生本人の日常の言動や態度、成果に基づくものではない。

もうひとつの特徴は、本人の発言という主観的な情報のみが判断の材料になるという点である。大学名や大学の成績、入社試験の結果などの客観性はない。「本人が、ある局面で、どんな行動をしたか、といった過去の行動履歴という客観的事実を聞き出している」という意見もあるだろうが、客観的事実は本人からは絶対に聞き出せない。あくまで本人の視点からの観察による主観的見解にすぎない。

黒澤明の映画『羅生門』をご覧になった方は多いだろう。3人の証言は食い違っていたが、実は全員がウソをついていたことが目撃者の証言で明らかになる（ご存じない方にはネタバレになってしまい恐縮だが、この程度のことを知っていても十分に堪能できる作品なのでご容赦願いたい)。しかし、当人達がやったことは、それぞれが、起きた事実のうち自分にとって都合のいい部分をつなぎ合わせ、自身なりの一貫したストーリー=主観的見解を述べたということなのだ。面接でもこれと同じことが起きている。主観的見解は、客観的事実と同じでは決してない。

また、その首尾一貫したストーリー=新たな「私」は、各社向けにアレンジされている。就活エリートが形成する自己アイデンティティは、唯一無二のストーリーなのではなくて、大きなストーリーラインはあるものの、状況によって=どの企業に応募するかによって、どの企業の面接に臨むかによって、そのストーリーはその都度組み替えられている。主観によって再編集されているのだ。就活エリートが行っているのは、それぐらい高度な対応だ。

†面接では、何がわかるのか?

非日常の場における、主観的情報をもとにした選考。このような特徴的な手法・面接では、一体何が見極められるのだろうか。最近では、聞く内容や聞き方をあらかじめ設計した構造化面接、半構造化面接によって、応募者のコンピテンシーを抽出し可視化している企業も多いが、課題発見、論理的思考などの対課題能力、自己コントロール、継続習慣化などの対自己能力、関係作り、協働、統率などの対人能力といったコンピテンシーの中核的な要素の保有レベルが、本当に見極められているのだろうか。

面接に関するある試験的なリサーチの話である。構造化された面接をさまざまな被験者に行い、面接での判定結果と、テストなどで客観的に判定された被験者の能力との関係を比較したところ、対人能力の中のコミュニケーション能力についての見極めはできているが、対課題、対自己能力については十分には見極められない、という結果だったという。

読者の多くの方の実感ともフィットする結果ではないだろうか。人の話をよく聞き、当意即妙に受けこたえができるという対人能力の一部分は、面接によって間違いなく判定できるだろう。初めての人でも、15分も話せば、この部分は見極められるだろう。そして、そのような能力を保持している人は、困ったことに「頭がよく見える」。そうした人間が語る内容は、内容以上の説得力を持つものだ。

面接中心主義になってから各企業に共通する顕著な傾向に、女性優位の問題がある。

「女性のほうがはるかに優秀だ。結果どおりに採用したら全員女性になってしまう。しかたなく、男の結果に下駄を履かせた」

この手の話を、どれだけの企業から聞いたことだろう。

女性の脳は、脳梁の形状が大きく異なるため会話の際に右脳・左脳の両方を活用しているという説、男性は空間処理、女性は言語処理に優れるという説、青年期においては女性の方が男性に比べて発達しているという説などいろいろあるが、その真偽のほどは置いておくとしても、女性のほうがコミュニケーション能力に長けているという傾向を否定する人は少ないだろう。

面接でも、同じことが起きているのではないだろうか。対話の力が総じて高い女性のほうが、有能に見えているのではないだろうか。

現代社会は、サービス経済化という社会的潮流の影響で、コミュニケーションそのものが中心になる仕事が増えている。必然的にその能力に長けた人材の需要が高まっているということもあるだろうが、面接という手法が、人間のある側面に過剰なスポットを当ててしまうという事実は十分に考慮されなくてはならない。

そして、面接という特殊で欠点も多い選考手法を、多くの会社が中心に据えていることもまた、就活エリートの迷走の背景になっているのだ。この手法の比重が高くなればなるほど、有能な学生たちは「演技」に磨きをかけていくからだ。

†学生の演技を生み出す高度なハウツウ

面接の今日的なネック、それは「演技」の問題だ。見事な面接の受け答えではあるが、それが演技なのか、素なのかが分からない、という問題だ。以前の学生であれば、演技をしている、ということが態度で分かったり、質問を重ねていくなかでの論理破綻から、ぼろが出てくるというのが相場であったが、そのような見極めがきかなくなっている。ただし、気配は感じる。志望動機が、なんだかキレイすぎる。会社が喜びそうなことが、きちっと組み込まれている。まるで回答見本があるかのように。

回答見本はある。書店に行けば、エントリーシートや面接の対策本が数々並んでいるし、その中には、主要人気企業が実際に使ったエントリーシートや面接の時に聞いた質問とその模範解答を載せているものもある。

それらを初めて見たときに私が真っ先に思い起こしたのは、大学入試の現代国語の対策本だ。その内容は、ある時からテクニックに過度に傾注し始めたが、なかには本質をとらえているものもある。そして、それによって、現代国語の問題は解けるようになる。

つまりである。就活市場は、大学入試市場と同じように、自己分析からエントリーシート作成、面接対策に至るまで、かなりレベルの高いマニュアルやハウツウができあがっているのだ。そして、そこに書かれていることは、面接でなんと答えるか、という回答集のレベルを超えている。「その会社の選考をパスしたければ、どのような人間になればいいのか?」ということが、読み取れる内容だ。かくして、就活エリートは、本番に向けて自分を「作り上げ」ていく。自己分析をもとに、自身の大きなストーリーラインを特定し、業界の特性、企業の志向や価値観、雰囲気にあわせて自身をチューニングしていく。

†その場で人格を作るという離れ業

「面接は、特に気にならなかったですね。あれは、自分をさらけ出すものではなくて、面接している人が望んでいる人になりきれるかどうか、というモノだと思っていましたから」

リサーチの一環で、多くの大卒若手社会人にインタビューを行った時のA君の話には驚きを隠せなかった。面接という場に対する割り切りかたについて、ではない。就活エリートは、就活というゲームを「ステキな会社との出会いの場」などとは捉えず「いかにして第一志望企業の内定をゲットするか、そのためには割り切ることが大切だ」と考えているからだ。

A君のすごいところは、その対応が、企業単位ではもはやなく、個々の面接単位になっていることだ。これから臨む面接の意図や、どんな立場の人間が出てくるのかは、事前にはほとんど分からないはずだ。なのになぜ？

「どんな人なのかは、最初の5分ぐらいでだいたい分かります。分かってきたら、その線にあわせて話をする、という感じです。同じ会社の中でも違うタイプの人はいますからね」

ということはだ。A君は、大きなストーリーラインは持ちつつも、そのアレンジパターンをあらかじめ作るのではなく、面接の場で相対する人物を見極めてからその場で再編集していた、ということだ。大学時代に、社会人との交流の機会が相当数あったりするのかと思って聞いてもみたが、過去の経験がそれほどずば抜けている、というわけでもない。

だが、彼のような存在が出てきたことには納得感があった。彼のように人や集団に合わせて対応を変える、という若者の出現はすでに指摘されていたからだ。

東京学芸大学の浅野智彦准教授は、私たちとのディスカッションの中で、90年代に実施された青少年研究会での調査分析から見えてきた自己の変容を次のように語ってくれた。

「多くの人たちは自己というものを同心円型のモデルで考えていると思います。自己の表層には些末で表面的なものがあり、それが深層にいくに従い、実存的な核に接近していくというイメージです。当然人間関係も表層で付き合う浅い関係から、核同士が触れ合う深い関係へと進んでいくというように描かれます」

「この同心円モデルで若い人の友人関係を見ると、浅いものに感じられる。「場面ごとに見せる顔が違うのは、本音を隠してその場を適当にやり過ごしているだけだ」と見えるからです。ところが多元的自己を前提に彼らの友人関係を観察すると、「場面ごとに自分らしさを見せているし、その限りでは本音を話し、それなりに深い関係をつくっている」と見えてくるのです」

†空転する新人研修のディスカッション

このような多元化が進んでいくのとほぼ同じように起きてきた現象がある。それは、研修のディスカッションの場において現れてきた。数年前の新入社員研修から、顕著になってきたという。

「深まらないんだよ。いつまでたっても同じところをぐるぐるぐるぐる回っているんだよね。どんどん時間が経ってしまうけど話が前に進まない」

企業研修のトレーナーをしている友人に聞いた話だ。グループに分かれて、ある課題に取り組んでもらう。たとえば、自分たちの会社の採用広告を作る、というようなものだ。あるところまでは、さまざまな意見も飛び出して活発な議論が続くのだが、まとめ上げていこうとするあたりから議論が空転するのだという。業界でもタフな人材が多いことで有名な企業においても状況は同じらしい。

「ところが、みんな楽しそうにマジメにやっている。全然いやそうじゃない。トレーナーの我々に対してもフレンドリーなんだよ」

新入社員研修の設計・開発に携わっている知人も、同じことを指摘する。

「ぶつかり合うのを避けている、という傾向はとても強いですね。葛藤を抱え込むことを嫌っている、という側面もありますし、ぶつかり合うような議論をするのはよくないことだ、大人気ないことだ、という認識もあるように思います」

これが多くの会社で起きている事実であるならば、彼ら新入社員は、いい仕事ができるようにはなかなかなれないだろう。意見や意向の差異、対立を明確にして、そのギャップを埋めていくことが、多くの仕事においては必要になるからだ。

そして、コミュニケーション能力があって会話は活性化するが、ことが前に動いていかないという現状は、面接で見極められているのがコミュニケーション能力だけかもしれない、というあたりとも妙に符合してくる。先ほどのA君に見られるような、彼らが現在持ち合わせているコミュニケーション能力の「特異性」が、迷走を引き起こす原因なのではないだろうか。

†人間関係の格差は、「コミュカ」によって生まれる

ランチメイト症候群。2000年代前半に話題を呼んだこの現象をご存知だろうか。昼食を一緒に食べる相手がいない状態を極度に恐れる病理であり、大学生や若手社会人に見られた現象だ。その原因は、一人で食事をしているということが、自身に「友人がいない」と見られることへの恐怖であるという。実際に「友人がいない」ということが辛いのではない。「友人がいない」と判断されることが、自身の人間性を疑われる、ダメな人間だと思われるという根深い意識がそこにはある。少し前に議論を呼んだ「便所飯」現象も同じ背景だという。

今、若者の中に根強くある格差意識。その中核は、収入や生活レベル、あるいは雇用の安定性といったものではない。人間関係の格差だ。

「リア充」というコトバをご存知だろうか。豊かな友人関係や恋人の存在など、リアルな生活が充実している人々を称する略語であり、享楽的に日々を生きている同年代を揶揄するように使われる側面もあるが、底流には、そうした人々への羨望の意識がある。

社会学者の土井隆義氏は、著作『キャラ化する／される子どもたち』の中で、秋葉原連続殺人事件を起こしたK青年に関する世間の解釈を評し、以下のように指摘する。


若い人たちの劣悪な雇用環境が今日の重大な社会問題であることは事実ですし、この事件をきっかけにその問題が大きくクローズアップされたことは、たしかに不幸なことではあったものの、非常に大きな意味もあったと思います。しかし、文脈をたどりながら彼の書き込みを読んでいけば、彼にとっての勝ち組とは、充実した人間関係を生きる人々だったことが分かります。彼が一番に問題としていたのは、実は人間関係の格差なのです。

こうした現象を生み出した要因に、スクール・カーストの存在がある。学校の同級生の間に自然発生的に生じている階層のことだ。もともとは、米国のハイスクールの実態を指す言葉であり、ジョック（体育会系の男子学生）を頂点としたヒエラルキーに命名されたものである。1999年に勃発し、全米を揺るがせたコロンバイン高校銃乱射事件は、カースト下層にいた生徒2名の手によるものだ。彼らは、無差別に銃を乱射したのではなく、最上級カーストを狙ったという説が有力だ。犯行の際に「All jocks stand up!」と発言したといわれており、カースト上層によるいじめやたかりが事件の背景にはあったといわれている。日本においても、いじめの問題の温床として、この階層性がクローズアップされてきた。上流カーストのメンバー達が、下流カーストの誰かを標的にいじめを行っている、という見立てである。

クラスルームの中の分断化は、さして新しい現象ではない。不良グループは昔から出現していたし、管理教育全盛期には、学校の指示通りに従順に振舞う優等生と、反旗を翻す反体制派という対立構造があった（尾崎豊世代の人は、身をもって体験しているだろう）し、学年の人気者たちが一団を構成し、オタク集団などを人間扱いしなかったり、という構図は、昔から決して珍しくない光景であった。

しかし、現在の構造は、そうした対立構造ではなくなっているという。上中下などに分かれているカースト間での敵対的な関係は薄れ、同じ教室にいても、違うカーストとなれば、その場にいないも同然のようになってきているというのだ。こうなってくると、それぞれのカースト自体の結束力は必然的に弱まってくる。こうして、彼らは、そのグループに所属し続け、互いの関係を維持していくために腐心することになる。

予定調和の世界から逸脱しないように、お互いを傷つけるような対立が表面化することが決してないように、それぞれが行動、発言するようになる。微妙に距離をとった、葛藤やストレスのない、フラットな関係がそこにはできあがる。

この時に、最も大切になるのは、いかに自己評価を高めるかだ。現代のように、多様な個性のあり方が重視されている社会では、その評価尺度は普遍的な共通したものではなくなっている。そのグループ内での個々のシチュエーションにおいて、周囲からその都度承認を受けることが、自己評価を高める上では最も有効な手立てとなっている。端的にいえば、「ウケを取れるか」どうかが重要な評価基準になっている。

つまり、現代の若者が生きていくうえで最も必要なもの、あるいは人間関係格差を生み出すもの、それはコミュニケーション能力なのだ。スクール・カーストを体感しながら大学生、若手社会人になっている人の話を聞いていくと、スクール・カーストの上層にいる生徒とは、イケメンとか、スポーツができるという要素もあるものの、基本は「コミュ力」だという。「コミュ力」とは、コミュニケーション能力の略語だが、就活という言葉と同様に意味の変質が起きている。

彼らが口にする「コミュ力」とは、スクール・カーストを形成する人間関係格差の原点となっている「コミュ力」とは、相手を動機づけて行動を促したり、異なる意見の相手と議論して一つの結論を導く、という真の対人能力ではない。その場が期待するような話を展開し、空気を読みながらその場をうまく取りなすような能力だ。そして、その能力の高い学生がカースト上位に君臨し、自身に有能感を感じてきたのである。

†面接は、「コミュ力」発揮の最高の舞台

ここで強調されている「コミュ力」こそが、面接の成否を分けるものになっているのではないだろうか？　本来は真の対人能力を見極めようとしているのだが、その判別が不能なほどに高度に洗練された「コミュ力」を身につけた世代が登場しているとしたら？　カースト上位に位置し、空気を読むこと、他者に配慮することに長け、その場を盛り上げ、

また、うまく収めることに習熟した彼らが、即席の自己分析で疑似的にアイデンティティを形成して、面接の場面に望んでいるとしたら？

図表4−1　面接・エントリーシートでの虚飾・演出

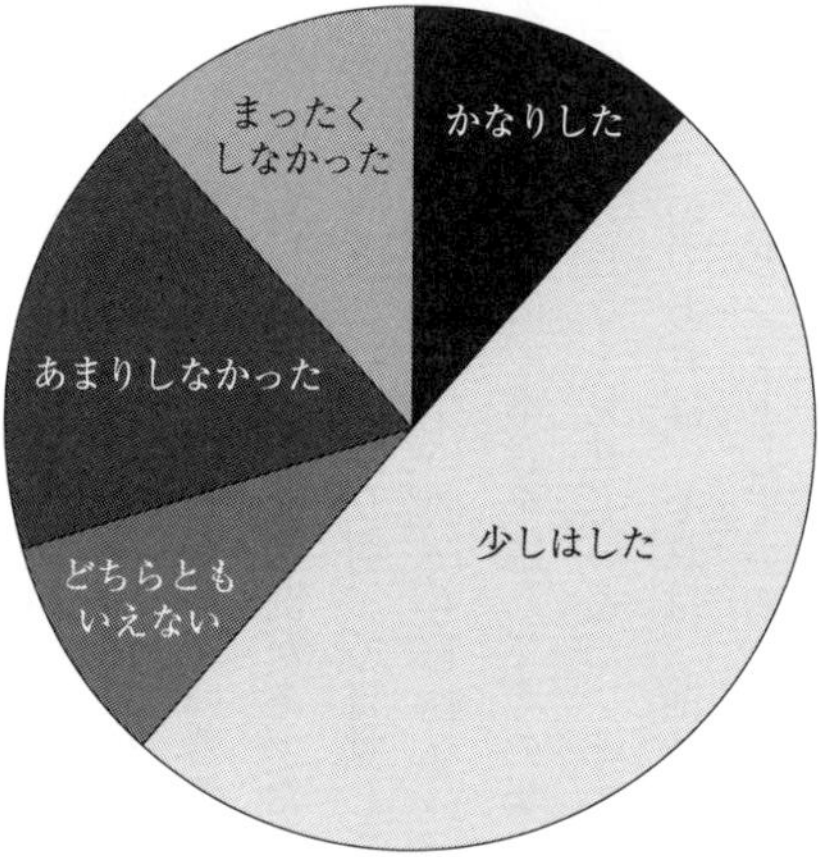

（出所）「20代キャリア／キャンパス調査」リクルート ワークス研究所 2009

最近の面接で起きていることは、そういうことなのではないだろうか。

彼らの面接での振る舞いを「ウソをついたり、本来の自分ではないものを、面接の場で出さないほうがいい」と諭す人たちもいる。現実に、就活経験者の6割以上が、事実よりおおげさに伝えたり、本音ではないことを言うなど、何がしかの虚飾や演出をしている。

しかし、彼らは、就活だからそういうことをしているわけではないのだ。それまでの人間関係構築の中で勝ち組となるために身につけたスタイルを、面接の場で発揮しているにすぎないのだ。いや、もっとはっきりと言おう。現在の就活における面接のスタイルは、彼ら人間関係の上流組にとっては、うってつけの選考スタイルなのだ。自身は何者かを問い、やりたいことを問う現在の面接は、彼らカースト上位経験者を、就活エリートに「してしまう」装置となっているのだ。

しかし、もしそのような状況があったとしても、人気企業の内定獲得という目的のために、演技を演技として割り切って自覚しているのであれば、企業にとっては悩ましくとも、本人には何の問題もないのかもしれない。浅野准教授が指摘するように、「場面ごとに見せる顔が違うのは、本音を隠してその場を適当にやり過ごしているだけ」ではなく「場面ごとに自分らしさを見せているし、その限りでは本音を話し、それなりに深い関係をつくっている」のであれば、それは、演技や芝居とはいえないだろう。しかし、現実はそうではない方向へとシフトしているようだ。関西大学社会学部の辻大介准教授は、「情報社会の倫理と設計についての学際的研究の共同討議（2005年）」の場で、近年の変化を以下のように指摘する。

こうした人間関係の多元化・相対化に応じて、ある種の対人関係スキルとして自己を使い分けるようになる傾向は、たとえば浅野さんの92年あたりの調査でも出ていたんです。しかし最近の調査では、関係の切り替えとキャラの切り替えとの相関が弱くなってきている。各時点での調査手法が違うので一概に時代的変化とは断言できませんが、むしろ、多元的な関係を保っているという人ほど、旧来的な表現をすればアイデンティティが不安定で、自分らしさをはっきり摑めないという傾向が見えてきています。

辻氏のコメントは、第三章でそのさわりをご紹介した私の分析結果とも符合する。ゴール志向を過度に持つことと同様に、「コミュ力」至上主義的に人生を対処してしまうことも、アイデンティティを揺るがし、就活エリートの迷走を引き起こす要因だといえるのではないだろうか。

†「真の自己」が消失していく

あたかも「演技」をしているように、自分を使い分ける。集団からの離脱を恐れ、「友人がいる」ことを装い、空気を読んで話題や場をコントロールする。現代の若者が、良好なポジションを維持・獲得して、生きていくための術として身につけた行動様式であるが、はたしてそれは、彼ら特有と言い切れるのだろうか。誰しもが、程度の差こそあれ、同じようなことはしている。親の前と親友の前では態度が違う。上司に媚びを売る。先輩風を吹かせる。大勢の意見に流されて本心が言えない。知らないふりをする……。世の中は、このように演技や芝居であふれている。

社会学者のE・ゴフマンは、役割演技、自己呈示という概念を提唱し、社会生活とは舞台のようなものであり、各個人が、社会的役割（教師という役割、上司という役割、父親という役割など）を背負って行動している姿（演じている姿）は、実際にそうであるもの（本当の姿）とは異なるものである、と指摘している。家庭も会社も、それぞれがある役割を演じている、ということをそれぞれが自覚している、あるいは無自覚的に受け入れていることによって成立している虚構だ、というわけだ。

この前提にあるのは、「真の自己」と「演出された自己」の存在だ。本当は気の弱い性格なのだが、上司という役割を全うするために居丈高にふるまう。本当はその意見に反対なのだが、上司の意見なので受け入れてしまう。このように「演出された自己」を呈示している人が、仕事を離れた場で親友と会って悩みを打ち明けたり、会社帰りに仲のいい同僚と連れだって飲み屋に繰り出して愚痴をこぼしたりする場では「真の自己」を呈示する。こうして自分らしくいられる時間を持ち、また舞台へと戻っていく。

自己の一貫したストーリーの中では、主役はあくまで「真の自己」だ。「演出された自己」は、演出されたものとして認識される。そのようにして、アイデンティティは、揺らぐことなく維持・形成されていく。

しかし、現代の若者が置かれている生活空間には、「真の自己」でいられる場が消失している。仲がいい集団の中でも、「真の自己」でいられないのだ。どのような場でも、常に「演出された自己」であることを強要されているかのようだ。

「友達と会っている時の基本スタイルは、話を合わせる、という感じですね。「それいいよね」とか「だよね」みたいな。彼女とかでもそうですね。立ち入ったところまで話が行ったら関係が続かなくなっちゃいそうで」

取材した大学生が話してくれたものだ。同調圧力のような場の力、空気の力がフレンドリーな日常空間に渦巻いている。彼らが持っている「多元的な関係」は、すべて「演出された自己」で構成される。「真の自己」は誰とも共有されない。自己アイデンティティは、あっても自分を認めてくれる他者が不在だから、心理社会的アイデンティティは形成されず、アイデンティティの揺らぎが生じてしまう。

†社会への不信というトリガー

その深層にあるのは「不信」だ。「うまく立ち回らないと、どうなってしまうかわからない」「いつか、裏切られるかもしれない」そんな意識が、そうした行動の根底にはある。

世の中が、自分の思い通りにならないのは、今も昔も変わらない。社会に対する不信感を持つ要因は、いつの時代にも存在した。しかし、高度成長期から90年代初頭まで続いた右肩上がりの経済に支えられた「どんどん良くなっていく」社会には、「明日はいいことがあるに違いない」と、自身の未来を前向きにとらえる機運が満ち溢れていた。社会的な規制や規範意識に縛られ、物質的にも満たされないという現実はありながらも、努力すれば必ず報われるという意識が根付いていた。

規制や規範から解放され、自由を獲得しながらも経済的に閉塞する現在の日本では、そうした意識は希薄化している。人生は自分の思い通りにはならない、生まれや運が人生の成功を決めているという意識が強くなっている。97の国と地域が参加する「世界価値観調査」には「人生の成功を決めるのは勤勉か、運やコネか」という質問があるが、2005

年データを分析すると、「運やコネ」を選んだ人は日本41％、米国23％、中国25％、他の先進国ではフィンランドのように10％台のところもある。しかし、1995年の調査では日本の「運やコネ」派は23％であり、米国の20％、中国の21％と変わらない。この10年の間に、日本だけが急速に増加している。

こうした価値観は、就職を意識し始めてから働き出す18－25歳の時期に不況を経験するかどうかに大きく影響を受けるという先行研究があるが、90年代中盤以降に社会にデビューした日本の若者は、全員が不況の影響を受けている。

この傾向は現在の大学生にも顕著に窺える。ベネッセ・コーポレーションの「大学生の学習・生活実態調査」によれば、大学生の79％が日本は競争が激しい社会だと認識し、57％が努力しても報われないと感じている。

このような認識・意識の中で、現在の大学生は生きている。社会に対する不信感を募らせ、目の前の人間関係にもリスクを感じている。「20代キャリア／キャンパス調査」でも「自分で自分をしっかり守っていないと、壊れてしまいそうな気がする」という質問に、5割もの人が「そう思っていた・ややそう思っていた」と答えている。

こうした不信感、リスク意識は、世論によっても助長される。その典型は格差論だろう。

希望格差、下流社会、ワーキングプア、ニート、ネットカフェ難民、ロスジェネ、派遣村、貧困……。ネガティブな単語が並ぶが、すべて2004年以降に書籍やテレビ番組がきっかけとなって人口に膾炙したものだ。その多くが、現代の若者の混迷・苦悩にスポットをあて、国や企業の作為あるいは不作為の罪を問うものであった。かつて同僚であった海老原嗣生が著作『「若者はかわいそう論」のウソ』の中で指摘するように、その中には明らかに実態とは違ったり、実態を誇張したものが少なくないのだが、その実態や真実がどういうものであったとしても、若者の中に根付いた不安意識、社会に対する不信感をぬぐうことは難しいだろう。

†「不信」と「ゴール志向」によるネガティブスパイラル

現在の大学生が抱いているキャリア・プレッシャーは、こうした不信感に端を発している。「負け組になったら大変だ」「リスク回避のために、少しでも安全・安心な働き場所を探さなくては」……そんなプレッシャーから、就活でアピールできるような経験を自分のものとするために、サークルを作ったり、NPOに参加したり、複数のインターンシップにエントリーしたりしている。

しかし、このようなプレッシャー、不信感、リスク回避志向によって形成されたキャリア・スタンスは、アイデンティティの危機をはらんだものだ。さまざまな環境に適応し、ストレスを克服していく上で必要なキャリア・アダプタビリティの形成を、結果として阻むものだ。この傾向は、私の分析結果にも表れている。大学卒業時に「不信」の意識を持っていた若手社会人は、現在のアイデンティティが揺らいでいるのだ。

しかし、就活エリートたちは、それまでの学生生活で培ってきた「コミュ力」を武器に「リスク回避先」としての大手企業・人気企業に潜り込もうとする。リスク意識を強く持ち、社会への不信意識を持ちながら、一方で、それまでの人生の中での経験から、自身の有能感を強く持ち、自己に対する信頼を揺るがずに持っている彼ら就活エリートは、そうした状況の中でも行動する。多くの大学生が無力感を感じて勝ち組になることを諦めたり、人並みに普通に働ければそれでいいと自身の期待値のレベル調節を図ったり、という逃避的な思考に逃げ込む中で、彼らは勝利にこだわる。そして、勝利のための方法を見事に身につけていく。

しかし、その思考パターンが自身を深く傷つけてしまうこともまた、データで明らかになっている。

実は、「不信」の意識の高い人は「ゴール志向」も高い、という相関関係があるのだ。「うまく立ち回らないと、どうなってしまうかわからない」から「自身の5年先、10年先のキャリアをしっかり描かなくては」という思考構造だ。「不信」をベースとして就活に望み「ゴール志向」を高めることで、意中の企業に入社を果たし、その結果としてアイデンティティ破綻をきたす、という不幸なサイクルが生まれているのだ。

そして「不信」意識を強く持ちながらも自己に対する信頼感、有能感を強く持つ人ほど、「ゴール志向」が高くなるという傾向もはっきりしている。就活エリートの構図そのものだ。キャリア・スタンスの歪みとは、過度な「ゴール志向」に支配されたキャリア観、「不信」と「自己への信頼感・有能感」がセットになったキャリア・アダプタビリティの組み合わせなのだ。

†「スター願望」の正体

第一章でご紹介した「スター願望」——自身にはすでに高い能力が備わっていて、自分が望むものは得られるはずだ、という強い確信。そして、そこで成果を出していけるはずだ、という強烈な自信を持ち、一方で強い他罰意識に支配され、自身の挫折・迷走を会社のせい、環境のせいだととらえてしまう——とは、まさにこうした心性と現象の中で生まれてしまった歪曲なのだろう。

キャリア・プレッシャーと不信意識、一方にある自己への信頼感・有能感、それらの後押しによって、就活への能動的コミットが起動し、「自分探し・やりたいこと探し」の中で「ゴール志向」は、強固に育まれる。そして、これまで閉鎖的で濃密な空間を生き抜く中で磨いてきた「コミュ力」を駆使して内定を獲得し、それによってアイデンティティは確固たる形成に至る。

しかし、そんな彼らは、新入社員研修で、あるいは仕事の中で「コミュ力」が機能しない現実に大きな戸惑いを示し、また、自身のゴールイメージと異なる現実に戸惑いを示し、アイデンティティの揺らぎ・破綻から仕事へのモチベーションは急落する。場への不信感をさらに募らせ「今の自分は、本当の自分じゃない。もっと私は輝けるはずだ。だから、もっと意中の環境を、新たな環境を用意してくれ」と他罰的な主張を繰り返し、離職意向を高め、あるいはメンタルに支障をきたしてしまう。

近年、若手社員の間で、勉強会と称する取り組みが盛んである。名のとおり、仕事をしていく中での知識・技術・取り組み姿勢などを学ぶ場であり、同職種、同業種の人が集まるなどその形は多彩で、キャリア・コンサルタントが開催していたり、あるいは、ごく普通の若手社会人が発起人になっていたりする。かつての異業種交流会のようにネットワークを広げていくという趣旨もあるようだが、会の重ね方、議論の内容などを聞いていると、私には、その多くが現実からの逃避行為であるように思えて仕方がない。「スター願望」を持った若手が仕事のできる社会人になるというビジョンの下に、「そうだよね！」と同調しながら「コミュ力」をフルに発揮して心地よい場を重ねるということが、つまり、同世代の就活エリート達がかつての有能感を感じるために集まるということが目的の場になっているように思えて仕方がない。

社会人になったら、学生時代と同じノリは通用しない。かつての就職とは、そういう現実をまざまざと見せつけてくれるものであった。学生時代の、自己の軸が定まっていないという状態のままではいさせてくれなかった。だから、就職をするということ自体が大きな通過儀礼の意味を持っていた。今もその意味はあるし、そのようにして大人になっている人だって、たくさんいる。

しかし、然るべき能力を持った就活エリートには、そのような場にはなっていない。彼らは、就活というゲームに対して持ち前の目的合理的な対処能力を発揮して自身を武装し、持ち前のコミュ力で乗り切ってしまう。そして、努力せずとも自分が今もてる力で自分が変わる必要なく、いい仕事ができるはずだと大きな錯覚をしながら社会人デビューを果たし、迷走に陥ってしまう。

そのサイクルを助長しているのが、面接という方法に極端に依存している現在の採用選考方法なのだ。

第五章

会社に〝恋〟をするという不幸

図表5-1　入社した会社に対する意識

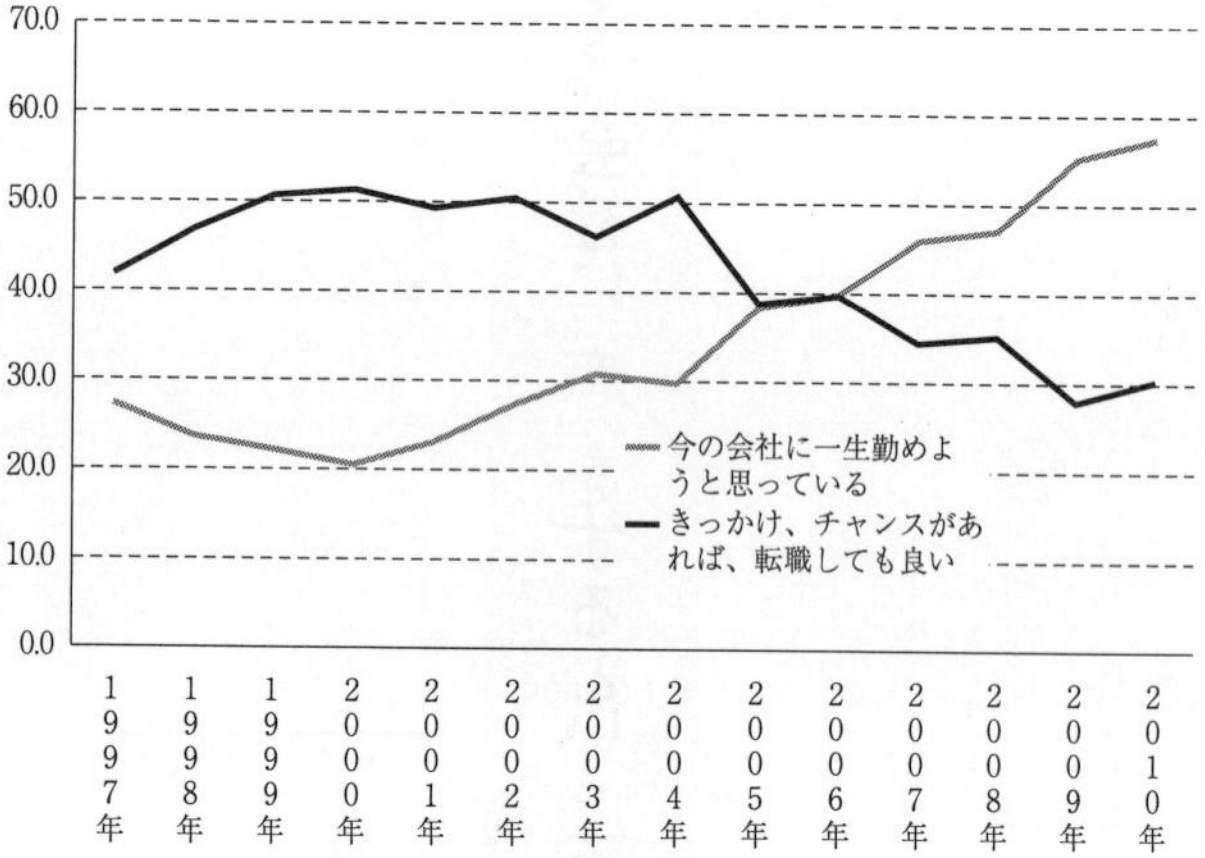

†終身雇用志向の急増が意味するもの

「「今の会社に一生勤めようと思っている」が過去最高を6年連続更新（57・4%）」

これは、日本生産性本部が実施した「第21回　2010年度新入社員意識調査」の広報用資料にある一文だ。この調査は、社会の情勢を反映した有益なデータを提供してくれるものだが、終身雇用志向を問うこの設問の、ここ20年の推移はとても興味深いものだ。バブル崩壊とともに急落をはじめ、2000年には20・5%まで下がったものの、そこから急速に反転し、現在は6割近くに達している。

このデータの推移を、多くの人は「大学生の安定志向が強くなっている」と説いているが、その見解には頷けない。

学生の安定志向は景気と連動するといわれてきた。好況期になるとベンチャーや新興業界の企業に注目が集まり、不況期には大企業志向や公務員志向が高まる、といった具合だ。バブル崩壊後の動きはそんな定説を覆した。景気低迷が続く90年代後半に、彼らの意識は大企業から離れ、外資系企業やＩＴベンチャーへと傾斜したかと思うと、２０００年代中盤に一転してバブルの再来かといわれるような求人状況が到来したにもかかわらず、大企業志向はますます強まっていった。旧来型の安定志向ではこの動きは説明できない。

また、このデータの乱高下は、はっきりいって異常である。個人の意識というのは5年や10年ではさほど変わらないものだ。これほど劇的に変化を見せているものを、安定志向という陳腐な言葉だけでは説明しきれない。よほどの背景があると考えなくてはならない。

この質問の対質問となっている「きっかけ、チャンスがあれば、転職しても良い」という転職意向の推移を見ると、２００4年までは約半数の新入社員が賛同の意を表していた。バブル崩壊後、大企業のリストラは常態化し、終身雇用神話にほころびが見えてきた。さらに、都市銀行や大手証券が倒産、廃業するなど、かつては考えられない地殻変動が起きた。新人・若手の中には、「会社は自分たちを守ってくれない。自分のキャリアは自分でデザインしなくてはいけない」という意識が急激に芽生えた。

いつしか彼らの中に、転職という選択肢が「今の仕事、職場が嫌だから」というネガティブなものから「よりよい会社があれば」というポジティブなものへと変容し始めた。一方で、大企業は、過度な新卒採用抑制の反動も手伝って、90年代後半から若手の中途採用に本腰を入れ始めた。若年の転職市場＝第二新卒市場の形成である。そしてその状況は、景気変動によるアップダウンはあるものの、今に至るまで続いている。

ところが、そのような市場が形成されたにもかかわらず、新入社員は急速に転職志向を減退させていった。何が起きたのか。

同じ傾向をたどっているデータがある。「若いうちならフリーアルバイターの生活を送るのも悪くない」という質問に賛同する回答は、２００３年までは4割を超えていたが、２０１０年には20・6％にまで低落している。フリーター問題は、90年代後半にはすでに社会問題化していた。大卒無業者が2割を超え、社会は若年雇用の新たな問題に頭を悩ませていた。一方で、若年当事者は、そのような生き方に肯定的であり、この問題が単に求人が激減したからではなく、若年の就業意識の変化にも要因があることは明白だった。しかし、突然若年層の意識は変わり始めた。

†2004年は、キャリア・リスク元年

2004年は、一連のデータにおけるターニングポイントとなっている。会社主導型の受身のキャリアから個人主導型の主体的・自立的キャリア・デザインへ、という変化があったのに、まるで逆戻りしているかのようだ。そして、この年は一連の格差論に火がついた年だ。個人は社会への不信を募らせ、守りの意識を高め始めた。2004年は、キャリア・リスク元年とでも呼ぶべき転換点だったのだ。

大学生の中に芽生えたもの。それは、一見すると安定志向にも似ていながら、意識のメカニズムは全く異なるリスク回避志向だ。大した情報収集もなく、安易に「大手志向」「寄らば大樹」と決め込んでいるのではないのだ。どんな企業に入れば、キャリア・リスクが回避できるのかを真剣に考えるようになっているのだ。

彼らの大手企業、有名企業志向は、データを見ても顕著である。社名を聞いたことのないような企業には応募すらしようとしない様に対して、うわべだけで企業を見ている、わがままだ、働きたいと本当に思っているのかなどと非難する声も跡を絶たない。しかし、彼らの意識はそれとは異なるのだ。

ある程度名の通ったところのほうが、まだ安全だ、聞いたこともない会社は信用できそうもない、ブラック企業に入ったら大変なことになる、と考え、消去法的に大手企業、有名企業を志向しているのだ。彼らを非難する人々は、信頼のおける無名企業を探し出すことの困難さをわかっていない。メディアや株式市場などの評価に常にさらされ、社会的な信用をある程度携えた大手企業、有名企業と同じぐらい安全そうな企業を自力で探すのは容易なことではない。彼らは、決して選り好みをしているのではない。「ここなら大丈夫だよ」とお墨付きの情報——よく知っている人からの紹介とか、社会的信用のある人による推薦とか——がなかなか得られないから手が出せないのだ。

また、彼らは単に規模や知名度ばかりにこだわっているばかりではない。その会社が社会的に本当に役に立っているのか、どんな理念・ビジョンを掲げているのか、といった視点も重視している。就活エリートの中には、志望企業が対外発表していたりメディアで論評されているような情報を、並みの若手社員よりよく知っている学生も珍しくない。入っても大丈夫な会社なのか、というところを懸命に見極めようとしているのだ。そして、自分なりに納得して就職先企業を決める。内定をもらっていても、どこかでリスクを感じたら内定辞退を申し入れてしまう。就活留年組が増えている、という新聞報道もあるが、ど

図表5-2　就職先企業に望むこと

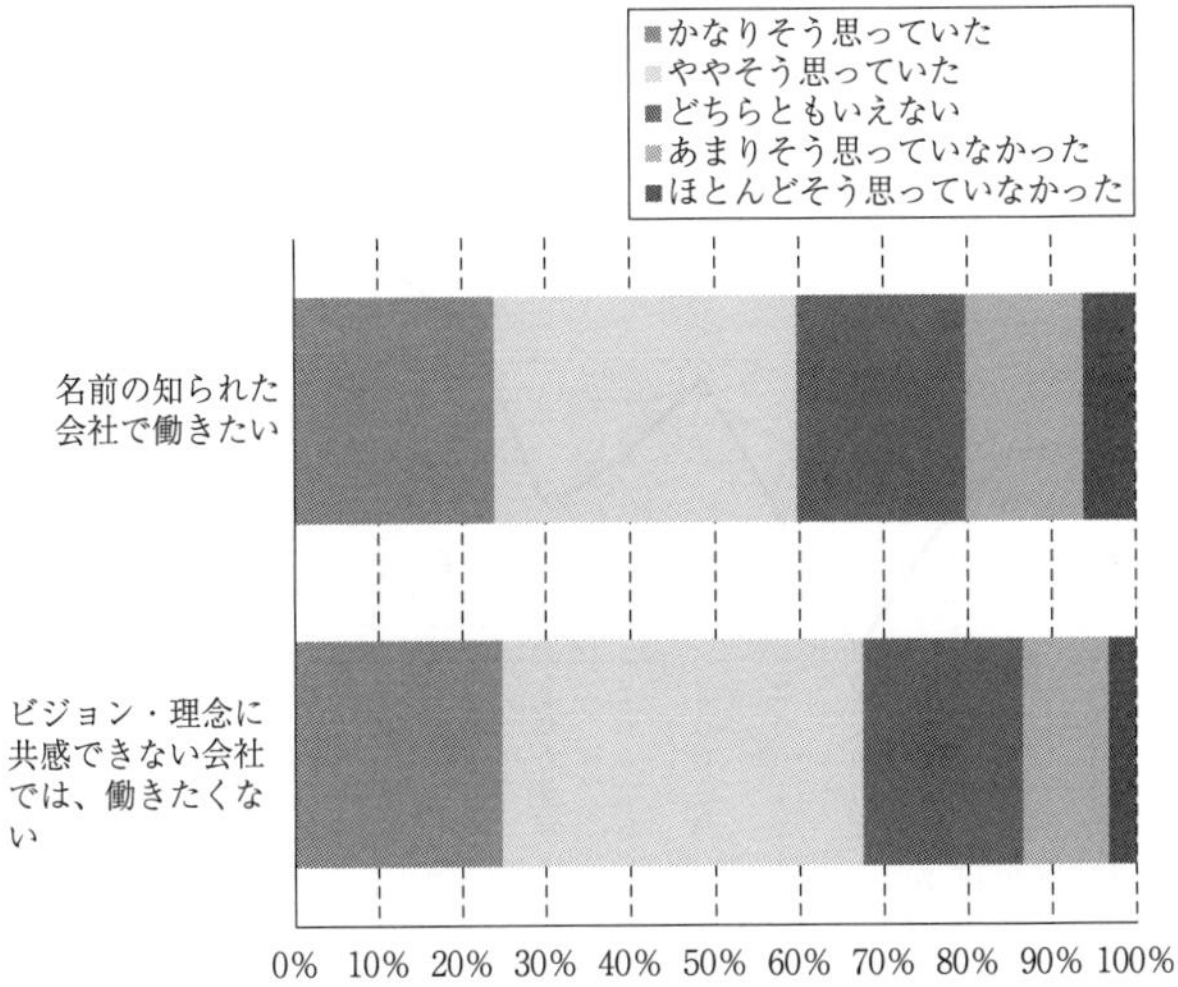

（出所）「20代キャリア／キャンパス調査」リクルート ワークス研究所 2009

こからも内定が取れずにやむなく留年、というばかりではない。就活エリートにも留年組はたくさんいるのだ。

そして、だからこそ、内定を獲得して入った企業に留まりたいのである。再びリスクの海に飛び出すのが怖いのだ。もっといい転職先があるかもしれないけど、大失敗する可能性も高い。だったら、この会社にずっといたほうがいい……というのが、終身雇用志向が急増した、ととらえられているデータの真相だろう。

†第一志望企業の意味が変わってきた

「新入社員意識調査」にはもうひとつ、

図表5-3　入社した企業が「第一志望」であった割合と大卒求人倍率の推移

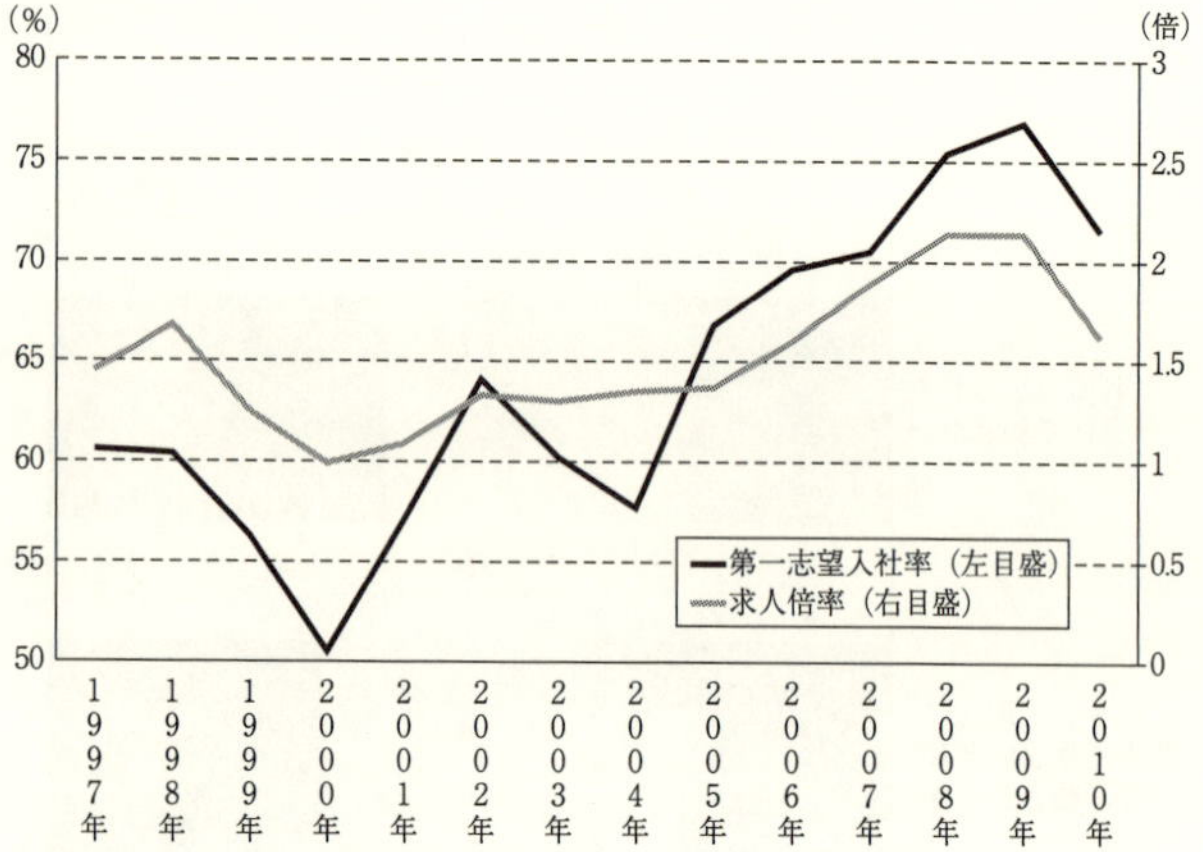

（出所）「第21回　2010年度新入社員意識調査」日本生産性本部／「大卒求人倍率調査」リクルート ワークス研究所

着目すべきデータの推移がある。それは「第一志望企業への入社比率」だ。2010年入社組の第一志望比率は、リーマンショック後の就職環境の悪化を受け71・5%へと下がっている。この数字を見て違和感を持つ人は少なくないだろう。下がっているとはいえ7割もの人が第一志望企業に入っているというのは一体どういうことなのだろうか。

彼ら就活生は、第一志望企業のことを本命と呼ぶのだが、この本命企業、実は就活の間に変化していく。就活を始めた時に「絶対に◎◎に行きたい」「なんか、××がよさそうだな」と思っていた企業に入った、という人は一割程度しかいない。

彼らは、就活中に企業候補群のプールを常に持っている。エントリーシートを出す予定の企業やすでに提出した企業、面接に進んでいる企業など段階はさまざま。選考に通らず「お祈りメール」が来た企業をプールから除外し、プールの中の企業が少なくなると、また新たな気持ちで候補となる企業を探し、プールに入れていく。入試のような一発勝負ではないために、そうした入れ替わりが、数カ月の間に繰り広げられることになる。

だから、当初の第一志望企業に振られた時点で、新たな第一志望が生まれている。振られた本命に未練は感じるものの、気を取り直して新たな本命を探していく。プールの中の候補企業群を一生懸命比べて、「この会社の考えていることって、やっぱりいいよな」「この会社の説明会のあの先輩の話、感動したよね」と自問自答したり就活仲間と話しながら、序列を再構築していく。就活エリートたちは、この点でももちろん熱心だ。

それにしても、7割という数字には、やや過剰なものを感じる。求人倍率の変化と見比べても、近年の第一志望入社率の上昇ぶりが顕著である。そして、ここでもその分岐は2004年。この上昇もリスク回避志向が生み出した産物だ。

今の大学生は、第一志望企業を自らの意志で生み出しているのだ。自分が選んだ会社、自分が見つけた会社がいい会社であってほしい、いい会社に違いないという願望や意向が、就活初期にはノーマークだったり、あるときには「すべり止め」程度にしか考えていなかった企業を第一志望企業へと変身させている。

それも、決して表面的なものではない。「御社が第一志望です!!」と面接の場でいうためではない。自身のリスク回避行動を正当化するかのように、ビジョンや理念、事業の社会性、採用担当者とのやり取りや面接担当者の物腰、雰囲気などの限られた情報をもとに、その会社を「本気で好きになる」のだ。あたかも、会社に恋をしているかのように。そして、その恋が成就した会社に入社することになるのだ。

†「愛社精神」には、三つの顔がある

愛社精神というやや時代遅れの感のある言葉がある。いまさら会社に対して愛なんて時代じゃないだろう、と冷ややかに受け止める人も少なくないに違いない。前述の「世代間就業観調査」では、「会社に愛を感じることがあるか?」という質問を新入社員から50代社員にまで聞いてみたが、バブル入社世代以降の人たちは、それ以前のオールド世代に比べて、そういう意識は圧倒的に低かった。そんな精神は、高度成長期のころに滅私奉公した会社人間が抱いていた遺物でもあるかのようなデータであった。

しかし、私は、このコトバを葬り去るのには抵抗を感じていた。この意識を持っている人の中には、確かに、会社の僕《しもべ》のように忠実に命令を実行するばかりの人も少なくなかったが、良質な仕事経験によって成長し、その機会を提供してくれた会社に強い恩義を感じている、つまり、個人と会社双方にとって好ましい状況もたくさんあったからだ。

そこで、会社に強い一体感（愛着、プライド、恩義、同一視）を持っている人たちの実態を調べてみたところ、それは、どのような「想い」によって構成されているかによって3種類に分けられることが分かった。

いい会社に入った、とか、この会社の将来は明るい、とか、安定している、といった「会社への想い」。毎日会社に行くのが楽しい、とか、職場の人たちはみんないい人ばかりだ、とか、あの上司にはお世話になった、というような「人・職場への想い」。あの仕事で成長できた、とか、時間を忘れて仕事に没頭することがよくある、とか、仕事で社内外から高い評価を得てきた、といった「仕事での想い」。この三つの想いがすべて高い次元で得られた時に抱く一体感は、正真正銘の〝愛社精神〟だ。会社にとっても個人にとっても、極めて好ましい、望ましいものである。人を育てる気概に満ち溢れている会社では〝愛社精神〟は育まれやすい。また、この精神は、会社を辞めた後も継続する。

「会社への想い」と「人・職場への想い」は強く持っているが、「仕事での想い」はあまりないような人が抱く一体感は〝奉社精神〟である。会社に尽くし、上司の意のままに仕事をし、そのご褒美として昇進・昇給を勝ち取っている滅私奉公型の人に典型的に見られる精神だ。この精神に取り込まれてしまうと視野狭窄となり、社会規範や倫理観より社内の意向が優先されることとなり、場合によっては会社の不正や汚職に手を染めてしまう場合すらある。

上記二つは、その会社にある程度長く勤めて育まれる一体感だが、もうひとつの「会社への想い」のみによって形成されている一体感は、勤務経験が短かったり、あるいはまだ勤めていなかったりする人に特に多く見られるものだ。これが〝恋社精神〟だ。就活で恋してしまう学生はその典型だ。有名企業、人気企業に入りたいと思っている人の多くは、大体においてこの「恋の病」にかかっているが、就活エリートのように多くの情報を獲得し、きちんと会社研究をして「こういうことを考えている会社」「こういうことを大切にしている会社」というイメージを明確にし、「その場所で、こんな仕事をしてみたい」というイメージを固める人ほど恋の度合いは強くなる。そして、その恋が結ばれることによって、「こんな仕事をしてみたい」というイメージは「こんな仕事が私を待っている」という確信へと転換されると同時に、挫折・迷走の芽を宿すことになる。

「自分探し、やりたいこと探し」による歪んだキャリア観の形成。面接での「コミュ力」発揮につながる、社会への不信と自己への信頼感・有能感によるキャリア・アダプタビリティの歪み。就活のメインプロセスは、就活エリートが迷走していく温床となっているわけだが、このネガティブスパイラルを〝恋社精神〟が加速しているわけだ。

そして、就活の中には〝恋社精神〟を高めてしまうものがもう一つある。

†会社説明会で涙を流す学生

情報提供サイト・オールアバウトの新卒就職のガイドを長く務めている北九州市立大学准教授・見舘好隆氏から聞いた話である。とある授業で、大手金融機関の会社説明会の映像を就活前の大学2－3年生達に見せたところ、半数の大学生が涙を流した。そして、何人かの学生は、授業が終わった直後に彼にこう語ったという。

「先生、ボク、この会社に入りたいです!!」

その会社が採用のために作った映像が秀逸で、強い共感を呼ぶものだったのか、というわけではない。近年の標準的なパターンのものだ。そして、セミナーや会社説明会、インターンシップに参加した学生が涙を流すという光景は、珍しいものではなくなっている。パターンは三つある。

一つ目は、会社のビジョン・理念を強く訴えかけるものだ。社会で今も起きている痛ましい出来事、個人の心の痛みや悩み・惑いをクローズアップし、そうした社会の負の側面に、正面から立ち向かう会社の姿勢を伝える。社会インフラの構築のために艱難辛苦と立ち向かったエピソードを伝える。人生のビッグイベントをサポートし顧客の素晴らしい笑顔といつも向かい合っているという事実を伝える、などなど。内容はさまざまだが、各社が大切にしている姿勢をハートフルに伝えるものだ。

二つ目は、若手社員の体験談である。主人公である若手社員が、それまでのサポート的役割を卒業して初めてそれなりの仕事の担当になる。自分なりに工夫し、順調に進んでいたかに思われたその仕事は、その主人公のちょっとした不手際から、顧客からのクレームなどの大きな問題を抱えてしまう。挫折感を味わう傷心の主人公。そこに、上司や同僚が差し伸べる問いかけやアドバイス。それを受けて、思いを新たにして状況の打開のために動き出す主人公。やがて問題は解決し、ハッピーエンドを迎え、一回り大きくなった主人公がそこにはいる。プロジェクトXのような壮大な話ではなく、ささやかな仕事の物語なのだが、大学生はその中に未来の自分を投影し、主人公になりきってしまうのだ。

物語には、いくつかの固有なスタイルがある。子どもが、さまざまな経験を経て精神的に成長して大人になっていくビルドゥングスロマンはその典型だ。神話や英雄伝説にも、共通した基本構造があるといわれている。「セパレーション」→「イニシエーション」→「リターン」。旅に出て、困難にぶつかり、それを克服し、成長して帰還する。「スターウォーズ」も「ロード・オブ・ザ・リング」もその通りの構造になっている。会社説明会で大学生の心を揺さぶる物語は、そうした構造を内蔵しているのだ。

三つ目は、参加した学生自身を被写体にしたものだ。インターンシップや終日のセミナーに参加し、さまざまなグループワークやディスカッションをし終え、最後の講評のときに、彼らがワークし、ディスカッションしてきた風景がスピーディに編集された映像で流されるのだ。真剣に討議している表情、カメラ目線のスナップショット、動画と静止画が巧みに編集された映像は、今このときの一体感を大切にする彼らの琴線に確実にヒットしている。

二つ目と三つ目が融合したようなセミナーやインターンシップもある。初対面の大学生同士でグループを作り、主催企業を題材としたある課題に取り組む。ワークは順調に進んでいるかに思えるのだが、その企業の若手社員が場に介入し、徹底的にダメだしをされる。「君たちは、うちの会社のことが分かっていない!!」。打ちひしがれるグループメンバー。しかし、若手社員のサポートを受けて再びグループはアクティブに活動し始める。そして、無事に課題が完成し、各グループの発表を終えた頃に、映像が流れ始める。その日の朝の屈託のない表情の自分たち、楽しく議論していた瞬間、落ち込んで会話が途切れた光景、吹っ切れたように真剣味を増した顔・顔・顔、そして完成の瞬間……参加者である大学生たちは、なんだか一回り大人になったような自分をそこに見出すとともに主催企業の一員になれたかのような一体感を感じ、落涙を止められない。

†リアルのようで、リアルではない情報

映像の完成度が高いというわけではない。パワーポイントで作られているものが大半であり、多額の制作費がかかっているようなものはない。だが、いずれも、極めてよくできている。そして学生は引き込まれる。その会社のことがとてもよく理解できた、と感じる。事業や仕事の実態も、会社の理念やビジョンも、そして、どんな日々が待っているのかも、クリアにイメージができるようになる。

しかし、その情報にはノイズがない。ノイズは除去されてピュアなものだけで編集されている。そこにあるのは決してうそ偽りではなく、事実であるが、しかし、かくありたいというフィルターによって編集された理想郷である。実現したいとは思いながらそれが実現できていないという現実の世界ではない。

それは、ディズニーランドのような世界だ。フランスの社会学者、J・ボードリヤールは、著書『シミュラークルとシミュレーション』の中で、アメリカが作り上げた消費社会を批判し、その象徴に対してこのように語っている。

ディズニーランドは、錯綜したシミュラークルのあらゆる次元を現わす完璧なモデルだ。(中略)だが群衆を魅了するのは、実在するアメリカ、その強制と歓喜を現わす社会の縮図、宗教的快楽、ミニチュアがそこにあるからに違いない。(中略)それがアメリカ的生活様式のダイジェストであり、アメリカ人的価値の賞賛であり、矛盾に満ちた現実を美化し、すりかえたものだからだ。

そこにはピュアな理想郷があるからこそ、一連のテーマパーク等とは一線を画した人気を博している、と捉えることもできる。

だが、私たちは、ディズニーランドが現実ではないことを知っている。現実の世界から、そのハイパーリアルな虚構に足を踏み入れ、虚構であることを認知しながらその空間を堪能し、閉館とともに現実の世界へと戻っていく。

それは、会社説明会で上映されている映像をその会社の従業員が見るようなものかもしれない。彼あるいは彼女は、現実世界をよく知りながら、理想郷の世界、美化された情報を消費するだろう。ある人はその世界に引き込まれ、理想郷の創造に向けて意を強くして現実世界に戻るかもしれないし、ある人は現実とのギャップを感じて、しらけたまま退出するかもしれない。ディズニーランドと私たちの関係と同じだ。

しかし、その映像を、その会社の現実を知らない人間が見たら何が起きるだろうか。

大学生も、それが会社のPRであることは重々承知している。会社のホームページや入社案内パンフレットに書かれていることも、会社説明会の映像も、みんな採用プロモーションの一還であり、きれいごとが表現されていることを理屈では分かっている。

しかし、これらの情報は理屈を超える。ビジョンや理念は、商売の理屈を超えた会社の意志であり感情である。悩み、迷いながら、それでも前へと突き進んでいく先輩社員の姿が訴えるものは、頭にではなく心に響くものだ。

加えて、彼らがその情報と触れる就活という時空間は、極めて特殊なものだ。キャリア・プレッシャーに押しつぶされそうになり、リスク回避志向がピークに達し、お祈りメールに心を痛める、そんな時に、彼らはそうした情報と触れるのだ。心に染み入るようにはいっていくことは想像に難くない。涙を流し、その世界に身をおきたいと感じても、全く不思議ではない。幼い子どもがミッキーマウスやサンタクロースの存在を信じてしまうように。

かくして彼らは、会社に恋をしてしまうのだ。

しかし、会社に入り、職場に身をおき、仕事をする中で、新入社員の多くは理念やビジョンと現実とのギャップに気付く。リアリティ・ショックを経験し、自分の中でのストーリーを再構築していく。ところが、強いゴール志向と、その背後にある不信の意識に駆られて意中の会社を射止めた就活エリートには、それが現実だと思えない。ビジョンを体現できていないその職場の仕事の実態や、ビジョンと乖離した思考・行動を取っている上司や先輩達を歪んだものとして見てしまう。ここはだめだ、もっと他に理念・ビジョンを体現した、自分が想定したとおりの部門や仕事があるはずだ、と他罰志向に逃げ込んでしまう。

自身のキャリア・ゴールが受け入れられない、という問題も根っこは同じだ。会社の理念・ビジョンと自身の「やりたいこと」＝ゴールは、きれいに折り合っていると信じ込んでいる。だから採用されたのだ、受け入れられない現場がおかしい、という思考回路から逃れられなくなってしまうのである。

†「人」というメディアによって増幅するゴール志向

しかし、彼らは映像などの形式化された情報ばかりに触れているわけではない。その会社の採用担当者やリクルーターというナマの人間との接点がある。そして、かつては、そういう人材が、学生のイメージと現実のチューニングをしていた。夢見がちな学生からの質問には、目を覚ますような話をしてあげる……なにもひどい話をするのではない。自分の今の仕事についてであったり、新人時代の出来事であったり。そういう日常の話をすることによって、期待値調整は図られていた。

しかし、今の若手の採用担当やリクルーターは、その機能を十分に果たせていない。かえって、学生のゴール志向をあおる役割を演じてしまっているケースが多いのだ。

第三章の冒頭で紹介した就活小説に出てきたOBは、自社のPRそっちのけで、就活をどのようにすればいいか、ということを熱心に語っていたが、若手人事担当者やリクルーターの多くが、このOBと同じことをしている。

「もっと自分の夢をハッキリさせなくちゃ、うちの面接は通らないよ」

「僕は、こんなやり方をした。ぜひやってみて」

学生達の先輩として、彼らを応援するという姿勢で接しているのだろうし、学生もまた、志望企業に入社した人がどのようにして内定を獲得したのかを聞き出したいと考えているため、コミュニケーションとしては成立してはいるのだが、彼らが本来やるべきことは、学生に、もっと会社の実態を語ったり、彼らの疑問に答えたり、ということのはずだ。なぜ、彼らは、就活のやり方を語ってしまうのだろうか。

それは、強い満足感、有能感を得られるからだ。第一章でふれた通り、大手企業の新人・若手は、仕事において「フィードバック」を得られないでいる。手応え感が欠落している。ところが、就活指南のような話は、多くの学生が極めて熱心に聴いてくれる。強い共感と承認が得られるのだ。つまり。学生との接点の場は、彼らが満たされない「スター願望」を満たす場になっているのだ。

こうして、就活エリートであった若手の採用担当・リクルーターの支援を受け、学生たちは、その会社にフィットしたストーリーを完成させ、就活エリートとして面接に臨んでいくのだ。就活エリートの拡大再生産システムができあがっているのだ。

†採用コミュニケーションの主戦場の変容

会社説明会が、そのように緻密に設計された場になっている、ということに、驚かれる方も多いだろう。30代後半以上であれば、選考活動のゲートウェイの場としての会社説明会しか経験していない人が多いだろうし、映像が上映されたり、人事部長や先輩社員が講演することはあっても、それに楽しく引き込まれる、という経験を持つ人は少ないはずだ(オーラを持った経営者が切々と語りかけ、学生が心酔してしまう、というベンチャー企業のパターンは、昔から現在に至るまで健在だが)。学生と企業の出会いの場の演出に各社が力を入れ始めたのは、協定廃止の時期と重なる。企業の大学生への情報提供スタイルも、選考活動と同様に時代とともに大きく変わってきたが、その転換点は、インターネットの台頭だ。

ネット以前は、学生への情報提供の主たる手段は、就職情報誌やダイレクトメールなど、学生の手元に届く配送物の形をとっていた。学生はそれらの情報に目を通し、興味のある会社があれば、付属の資料請求ハガキにコメントを書いて投函したり、電話で説明会への参加予約をする、といった按配だ。企業は、そのような行動を学生に取らせるために、就職情報誌の広告の内容を工夫したり、豪華なダイレクトメールを送ったりしていた。マーケティングでいうところの「差別化」だ。つまり、動機づけされた学生からのファーストコンタクトが重要だったわけだ。

ネットへの移行によってその事情は大きく変わった。情報誌やＤＭのような物理的な製作コスト（印刷、配送）がかからなくなったことも手伝って、ネット上には膨大な量のリクルーティング情報が生まれるようになった。情報の洪水、爆発は、どのマーケットにおいても、思考停止をもたらす。大学生たちの多くは、情報消化不良、選択不能に陥ってしまった。

一方で、インターネットは学生に大きなメリットをもたらした。誰にでもすべての企業情報が閲覧でき、ある会社に興味を持てば、ワンクリックで意思表示ができるようになった。かくして、学生から企業へのアクションは増大した。有名企業であれば、数万単位のファーストコンタクトが、楽に獲得できるようになった。

しかし、そのファーストコンタクトは、以前に比べて気軽にできる分、中身の薄いものになってしまった。つまり、本気でその会社に興味があるのか、軽い気持ちでクリックしたのかは企業側からは分からなくなってしまった。そこで、動機づけをして本気度を確かめる、というプロセスが新たに重要になってきた。

それが会社説明会やセミナーの演出につながり、エントリーシートというハードルの設定につながっている。採用コミュニケーションの骨格がネットの登場によって一新したのである。

だが、ネットの登場と平行して進んだ自由化時代には、本当のリアル・コミュニケーションが模索されていたのだ。就業体験型のインターンシップや選考プロセスの創造、ボードゲーム形式でビジネスの仕組みや仕事の実態を疑似体験する手法の誕生、現場の第一線の社員を囲んでのフリーディスカッションの場、などなど。リクルーターを活用したアンダーグラウンドな場でのリアル情報の提供からオープンな場でのリアル情報の提供へ。大卒マーケット全体がそういった方向を模索し、転換をし始めていた、という流れがあったのだ。

しかし、いつの間にかそのムーブメントは、リアルであるかのように作られたイメージ作りへと変容している。ノイズが除去され、心情に訴えるように構成された情報は、多くの学生に〝恋社精神〟を醸成してしまう。

そして、本来は、もっとも有効であるはずの「人」というメディアは、若手社員やリクルーターもが就活エリートである、ということも手伝って、本来の機能とほぼ逆の機能を担ってしまっている。ゴール志向、〝恋社精神〟を高めてしまっている。彼らもまた、就活というシステムによって作られた類型なのだ。

†その情報には、「その会社らしさ」が宿っているか

「探検隊員求む。至難の旅。わずかな報酬。極寒。暗黒の長い月日。絶えざる危険。生還の保証無し。成功の暁には名誉と賞賛を得る。」


1900年のある日、ロンドンの新聞に出たこの小さな求人広告は、大きな反響を呼んだ。広告主であった南極探検家・アーネスト・シャクルトン卿はこう語っている。

「まるでイギリス中の男たちが、私の仲間になることを決意したみたいに、ものすごい反応があったよ」

このコピーは、求人広告の見本として語り伝えられてきているものだ。仕事の厳しさ、

辛さ、死と隣り合わせであることを、包み隠さずに正直に記されている。この恐ろしいまでの率直さこそが、多くの人の心を動かしたのであり、人材を求める上では、決して忘れてはならない姿勢である。

私は、求人広告を作る仕事に10年ほど携わっていた。日本を代表するビッグビジネスから、地場の不動産会社、小さなパチンコ店、従業員3人のプランニング会社まで、担当した社数は200や300ではきかないだろう。そして、担当する会社の等身大の素顔をありのままに見せるような広告こそが、人を動かし、その人と企業の「いい出会い」を生み出すということを身をもって感じてきた。

クライアントは、自分の「いいところ」を伝えたがるものだ。しかし、それでは仮に応募がたくさんあっても採用に結びつかない。入社しても、すぐにやめてしまう。「だめなところ」や「ちょっとかっこ悪いところ」をふくめた実態・現実を伝えることが、この仕事の最も重要なポイントなのだ。

求人広告は、広告ではなく狭告でなくてはならない。一般の消費財広告はたくさん売れることがクライアントの希望を叶えることだから、多くの人に届くことが重要になる。しかし、求人の世界は採用する数には限りがあるし、とにかく入ってくれればいいのではなく、生き生きと働いていい仕事をしてほしいのだ。あまりにたくさんの問い合わせが来ても困るし、誤解した応募者が来ても困る。10人ほしかったら、その会社にぴったりな人材が10人応募してくれる、というのが理想なのだ。

会社というのは面白いもので、同じ業界、同じような従業員数、売り上げ規模の会社でも、雰囲気や従業員のタイプは驚くほど違う。仕事の進め方、何かを決める上で大切にする価値観、よくつかわれる言葉、不思議なしきたり……人間と同じで、性格や癖のようなもの＝「その会社らしさ」がある。「その会社らしさ」は何なのか、それは「何を伝える」ことによって「伝わる」のか。それをどのように見抜いて組み立てるのかが、求人広告の、採用コミュニケーションのカギだ。それがうまく表現されていれば、その会社の「らしさ」に好感を持つ人は興味を持ってその会社に応募し、「らしさ」に興味がない人、それがハナにつく人は、その会社をやり過ごす。こうして、人と会社の相思相愛関係＝「いい出会い」が生まれるのだ。

思わず涙を誘う会社説明会の映像に、学生に就活テクニックを語る人事担当者やリクルーターに、「その会社らしさ」は宿っているだろうか。なかには、その会社の個性が詰まった会社説明会をやっている会社はあるし、その会社らしさそのもので学生と接している採用担当やリクルーターもいる。でも、それは少数派である。多くの大手企業、人気企業は、どこかみんな同じような顔つきやスタイルで学生と接している。

企業もまた、就活というゲームのルールに飲み込まれ、「自分の会社らしさ」を忘れ、「就活らしい」コミュニケーションをしてしまっているのだ。

終章

就活改革のシナリオ

多くの「負け組」を生み出すだけではなく、「勝ち組」までを迷走させてしまう現在の就活。企業、学生双方の改善や努力が、意図せざる効果、結果を生み出し、それが相互に影響を及ぼすことによって、企業、学生双方が全く望んでいない状況が生じてしまっているという現状。すぐにでも変えなければいけない。

では、どうすればいいのか。就活エリートの迷走という不幸な出来事を解消するためには、何をどのように変えていけばいいのか。私なりの方向性、具体案を提示したい。なお、その多くは、同時に就活漂流層、諦観層の学生たちがいきいきと就職活動に臨めるようになることにも寄与するものだ。

†大学生に関する社会幻想のリセットから始めよう

就活エリート問題、就活をめぐる諸問題の根源は、第二章でも触れたとおり、大学生が増えすぎたことにある。大学進学率が4割程度で収まっていたら、今のような事態には至らなかった。本件の発端は、大卒無業者の急増に代表される格差問題である。これが、社会不安をあおり、大学生のリスク回避志向を高め、一方で、各社の求める人物像・採用手法の画一化、採用時期の一極集中化とが相まって、現在の混迷をもたらしている。

しかし、大学進学率が4割に戻ることはないだろう。今後、18歳人口は減る一方であり、経営難に陥って倒産する大学は多少出てくるだろうが、進学率を押し下げることは難しい。つまり、大学生とは、今後も、能力的にも意欲の面でも極めて多様な存在であり続けるということだ。

そのような多様な対象に、同じようなシステムを対応させる、という発想をリセットする。改革は、そこからスタートしなくてはならない。それは「大学を出たら、みんながそれなりの企業に入って、課長・部長と昇進していく」という、社会が共有している大きな幻想をリセットすることだ。それは、大学生がマイノリティであった時代の意識の遺物である。

大学を称して、昨今よく「ユニバーサル化した」という形容詞句をつけるが、これは、アメリカの高等教育研究者、マーチン・トロウが70年代に提唱したモデルによるものである。トロウは、当該年齢人口に占める大学在籍率（≒進学率）が15％以内であるときの大学を「エリート型」、15から50％では「マス型」、50％を超えるときは「ユニバーサル・アクセス型」と位置づけ、各段階における大学の主要機能を、

・エリート型＝エリート・支配階級の精神や性格の形成
・マス型＝専門分化したエリート養成＋社会の指導者層の育成
・ユニバーサル・アクセス型＝産業社会に適応しうる全国民の育成

と定義している。

この枠組みを借りれば、日本の大学は60年代末に「エリート型」から「マス型」へと移行、大卒者は、産業、行政などのリーダーや各分野のプロフェッショナル、エキスパートとなっていた。しかし、90年代からの進学率急増とともに、そのポジショニングは「ユニバーサル・アクセス型」へと変容しつつある。大卒とは、何かの特殊性を帯びている存在ではなく、産業社会にデビューするという準備ができているということを最低限保証するという意味になったわけだ。だから、大学生の中にはリーダーやエリートとしての素養を身につけた人もいるし、基本的な能力・態度を身につけただけの人もいる。

しかし、そのような大学生の就職希望者の内定率が91・8％と史上最低になったことが、とんでもないことが起きているかのように報道される。大学を出て職がないのはおかしい、企業は就業機会を与えるべきだ、という声があがる。こうした事態をもたらすのが、大学生に対するエリート時代のイメージだ。ユニバーサル・アクセス型へと移行した現在においてのこの数字は、十分な仕上がりではないだろうか。

バブル絶頂期の大卒求人予定数は84万人。リーマンショック後の2009年の数字は73万人。企業の求人総数はそれほど減っていない。何度も繰り返すが、大学生の数が激増したのだ。その大学生のうち就職意向を持っている人の9割が今も就職できている。産業＝需要サイドの要請とは関係なく増加し、その質が低下したといわれているのに、だ。さらに、大卒を採用したくても応募がないので採れない、という中堅中小企業はたくさんあるのだ。

ちなみに、アメリカの大学生のうち、就業を希望していて卒業までに就職先が決まっているのは5割程度。欧州には、もっと低い国もある。イギリスの「大卒採用協会」の調査によると、2010年の大学生の就職市場は厳しさを増し、トップレベルの大学で優秀な成績を修めない限り新卒採用枠には入れないという。ちなみに、求人1件当たりの候補者数は推定で69人。これを求人倍率に換算すると0・014倍になる。日本の大卒求人倍率は1・28倍。100倍の開きがある。アメリカ、イギリスともに、真似すべきモデルだとは全く思わないが、我が国の大学生がいかに恵まれた環境にいるのかという見当はつくだろう。

このように、大学生の内定率は、大学生数が急増しているにもかかわらず、国際的に見れば異常なまでの高さを維持している。そして、そのような内定率を維持していることが、別の問題を生んでいる。

ここ数年、企業は中途採用を極端に手控えているが、新卒はできるだけ減らさないようにする、という傾向が顕著だ。バブル崩壊後の新卒採用抑制が、企業の人口ピラミッドを極端に歪ませ、人が育ちにくい組織構造になってしまったことに対する反省からだろう。組織の人材育成力は、上司の能力以上に、職場内に齢の離れていない先輩後輩関係や同年代の横のつながりがあることによって向上するが、採用抑制によって、30歳を過ぎても部署の中で最年少のままで、後輩の面倒を見たことがないという人や、新人は部署の中に1人だけで、ちょっとしたことを相談できるような人が誰もいないような局面が各社の中で頻発した。これは、予想を上回るダメージを各社にもたらした。多くの日本企業は、これに懲りて、新人は定期的に採り続けよう、と考えるようになっている。

しかしである。その人たちだけを採用していていいのだろうか。現状に満足していないながらも、転職市場の急激な冷え込みから仕方なく今の会社に留まっている20代の若手社会人の中に、大学生より優秀な人材はたくさんいるだろうし、世界を見渡せば、日本の優秀な大学生をはるかに凌ぐ能力・意欲をもった外国人大学生はアジアを中心に増加している。そういう人材を差し置いて、将来の幹部候補となる人材を大卒新卒市場だけから採っているとしたら、それは企業競争力の観点からは疑問符をつけざるを得ない。

そして、こうした状況を生んでしまうのも、そのような多様な大学生が、みんながみんな一斉に同じルールの下で就職活動をするという現状のあり方に問題があるからだ。そもそも、それ自体がおかしいのだ。それが、就活エリートにも就活諦観層にも不幸をもたらしているのだ。すべての大学生が、同じ時期に、同じ方法で、同じキャリア展望を持って就職活動をする、という画一的なあり方を変えること。それが、改革の基本となる思想である。

†採用活動・就職活動の時期を分散化しよう

日本という国は、全体を統括するルールやガイドラインがことのほか好きである。教育でいえば、学習指導要綱がその際たるものだ。大学の入学時期、卒業時期が年度対応でほぼ固定しているというのも、欧米にはないことである。日本人は横並び好き、節目好きだといわれるが、多くの社会ルールがそのようになっているため特に深く考えずに、そのルール、ガイドラインを受け入れてしまう。

しかし、成熟社会に突入し、生き方、暮らし方、学び方、働き方の多様性を大切にするべきステージに入ったいま、ひとつのルール、ガイドラインを定め、全体がそれに従う、という考え方を改めなくてはならない。就職もそのひとつだ。

たとえば、就職活動は大学を卒業してから一斉にやればいいじゃないか、という意見がある。一定の評価を得ている意見のようだが、私も、大学卒業後に就職活動をする人がたくさんいていいのではないかと思っている。欧米では、大学卒業後に世界旅行したりボランティアをしながら自分を見つめ、その上で職業に就いていくというキャリアパターンをとる人が多くいる。日本でも、大学を卒業したらすぐに会社勤めを始めなきゃいけない、定職につけないような人は社会の落伍者であるという悪しき常識、社会通念はリセットすべきだと思っている。

しかし、なぜ一本化するのだろうか。なぜ、全員一律に同じようにやらなくてはいけないのだろうか。大学を出てすぐに働きたい人まで働けなくするのに、何の合理性があるのだろうか。一本化して、みんなで同じ時に同じことをする、という発想では、いつまでたっても何も変わらない。受験同様の対策合戦、学生と企業のばかしあい、イタチごっこの構図から抜け出ることはできないのだ。また、一本化するとは、時期の規制をするということだ。それは一極集中化を招き、アンダーグラウンドな動きを加速するだけだ。ただでさえ高まっている彼らの不信意識をあおるだけだ。

学生と企業の出会いの時期は、分散化すべきである。

大学生の能力や意欲は均質ではないのだから、それぞれの発達に合わせて大学生活を送り、各自の能力・意欲の高まりに合わせて企業にアプローチするのが実態に適い、かつ、能力・意欲の高い学生にとっても、能力や意欲がまだ十分には育まれていない学生にとっても好ましいシステムだ。私は、大学1年のときに出会う機会があってもいいし、卒業間近に出会ってもいいじゃないかと思っている。早期化に関して過度に非難する風潮が今も強いが、会いたいものを会っちゃダメ、と止める理由は何もない。一律に早くならないようにすればいい、つまり分散化すればいいのである。それに、大学1年生や2年生に内定を出したとしてもそれが拘束力をもてるはずもない。この国には職業選択の自由があるのだ。その自由を阻害する権利を、いったい誰が持てるというのか。

そして、こうした分散化を通して「早く終わったら勝ち、たくさん内定をもらったら勝ち」という価値規範を打破しなくてはならない。そう、序章に書いたことだ。私が13年前にマーケットに伝えたかったことだ。就活が、内定を獲得した企業のブランドや数、あるいはその早さを競うゲームであり、そのためのマニュアルや塾までもがあるというこの現状を一刻も早く変革しなくてはならない。

このような意識改革は容易ではない。だが不可能ではない。変わった、というインパクトのある事実があれば。その事実を生み出せるのは、人気企業、有名企業だ。人気企業、有名企業が、まず採用活動を分散化してほしいのだ。社会からの規制ではなく、企業が自らの意志で、あるべき方向に舵を切ってほしいのだ。今年度の大卒採用において、総合商社を中核とした社団法人・日本貿易会が春の採用選考活動を見送り、4年生の夏季休暇中に実施しようという意向を持っていた。実現はしなかったが、平成25年卒の学生を対象とした採用活動においての実施を考えているという。こうした姿勢にはエールを送りたい。しかし、多くの企業が、4年生の夏季休暇中にやるようになってはダメなのだ。日本を代表するような企業は、夏休みにも春休みにも門戸を開けていてほしいのだ。そうした小さなことが、やがては市場の意味を大きく変えていくのだ。

ただし、こうした企業との出会いは、それがインターンシップであれ、面接などの選考の場であれ、春、夏の長期休暇中に限定すべきである。学生が、学びの機会である講義やゼミと就職活動を天秤にかけなくてはならないという現状は、絶対に解消しなくてはならない。私は、その部分には規制やペナルティを設けてもいいと思っている。

ちなみに、新卒一括採用は一切廃止し、卒業後に、既卒者と同じ扱いの中で就職活動をしていけばいいではないか、という論者も少なくないが、それは大変に危険な策である。それをやったら、学卒未就業者はさらにふくれ上がるだろう。私の同僚であるリクルートワークス研究所研究員・戸田淳仁の試算によれば、新卒一括採用を全面的に廃止すると学卒未就業者の数は、現在の9・6万人から、16・2万人へと増加する。大学という斡旋機能を持った支援組織が、多くの雇用を生み出す仲介役になっていることを忘れてはいけない。その傾向は、入試偏差値の低い大学ほど顕著であり、今後もそうした支援機能が必要であることは言を俟たない。

†採用・就職経路を多様化しよう

就職の仕方についても、画一化された現状を打破しなくてはならない。今の大学生は、就職活動というと、インターネットの中にある情報、インターネットを介して届く情報に対してアプローチするものだ、という固定観念が植え付けられてしまっている。日本の大卒新卒の就職経路の圧倒的なトップは、メディアを介した公募、いわゆる自由応募だ。

しかし、第四章でも紹介したとおり、これが転職になると、紹介や縁故が4割近くを占める。ハローワークで探したり、働きたい会社に直接問い合わせをする人もそれぞれ1割近く存在する。

アメリカの大手企業の採用経路のトップは、従業員などからの紹介であり、その比率は3割に近い。インターネットの活用も進んではいるが、日本の就職情報サイトのようなジョブ・ボード型ばかりではなく、個別企業のホームページへのアクセスを経由したり、レジュメボード（転職意向者が、自身のレジュメをネット上に公開する仕組み）やソーシャルメディア（日本のSNSなどと違い、実名での利用が多い）上の個人に対して企業が個別にアプローチしたり、と、その経路は日本に比べてはるかに多様だ。

90年代後半の自由化の波の中で、推薦などによらず、やりたいことを明確にして自身の意志でアプローチする自由応募こそがあるべき就職スタイルだ、という意見が大勢となったことに端を発し、大学生自身が自分の志望する企業を（ネット上で）主体的に見つける、という方向性が定まったのだが、それにしてもあまりに画一的で極端な実態だ。ここでもひとつのルール、ガイドラインが完成し、企業も学生も、無意識のうちにその経路での募集、応募に専念してしまっている。また、応募数の多い大手企業の中には、多くの経路があるとその処理が煩雑になるため、経路を一本化しているケースも見られる。

私は、縁故による紹介の復活を唱えたい（といっても、利権による縁故ではもちろんない）。企業は、従業員、顧客、サプライヤーなど、自社をよく知っている人を媒介にした採用を検討すべきである。特に、知名度のない中堅中小企業やベンチャー企業にはぜひとも実施していただきたい。第五章でも書いたとおり、多くの大学生は、リスク回避志向の高さゆえに、そうした企業に自らアプローチすることができない。この硬直した状況を打破するためには、その会社をよく知る人にメディアになってもらうしかない。

この点については、リクルーター制度の原点が参考になる。この制度、もともとは高度成長期に中卒・高卒を大量採用するために考えられたものである。中卒採用、高卒採用は、企業から本人への直接募集ができない。学校から推薦してもらう必要がある（現在も同様である）。そのため、企業は全国の中学、高校を訪問し、進路指導の先生とリレーションをつくらないと採用成果が上がらなかったのだが、そのようなマンパワーはどの会社にもない。そこで、地元にいるその会社のＯＢやその学校の元校長などをリクルーターとして雇っていたのだ。まさに、人というメディアに投資していたのだ。

学生サイドの支援者も、もっと充実させたい。中下位大学の一部では、キャリアセンターや就職部の職員が企業とリレーションを作り、大学生に就職先として薦めているケースもあるが、「その会社らしさ」をつかむ技術を持っている人が少ないせいか、十分な効果が上がっているとはいえない。私は、キャリア・コンサルタントの人たちに、その役割をもっと期待したい。大学生の自己分析やエントリーシートづくりを支援していれば、その学生の志向・特性は本人以上に分かっているはずだ。ならば、いっそのこと彼らに就職先を世話するところまで面倒を見てはもらえないだろうか。大学だけではなく地元の中堅中小企業などと連携し、生きたメディアとして大学生の力強い紐帯になれるポテンシャルを、彼らは持っているはずだ。懇意にしているキャリア・コンサルタント・ポンタこと木田勝裕氏は、大学や大学生がもっと自立することで「私たちキャリア・コンサルタントが不要な社会になることが理想だ」と語っているが、残念ながらそのような状況は訪れないだろう。であれば、キャリア・コンサルタントの皆さんには、現在の就活というゲームのコーチ役ではなく、放っておけば高まってしまう大学生のゴール志向や不信の感情を抑え、リスク回避志向を氷解し、その大学生にふさわしい企業を紹介する、という頼りがいのある

「お節介なお見合い仲介おばさん」の役割を担ってほしい。

推薦に関しても、再検討を促したい。私は、大学単位、学部単位ではなく、個々人の教授との連携を企業がもっと高めてもいいのではないかと思っている。理系に限らず、文系学部においてもだ。大学教授の中には、ゼミや研究室、講義を通して個々の大学生の特性を把握し、彼らを動機づけ、ある時は突き放しながら接することで、彼らに学術的な知識を提供すると同時に、タフなキャリア・アダプタビリティを形成させている教授が存在する。その数は決して多くないだろうが、学生にとって「師」となっている教員は、間違いなくいる。そのような高い志と人材育成力をもった教員に仲介者になってもらえば、採用・就職の質は飛躍的に高まるはずだ。

多くの企業において、文系出身者を中心に採用する企業は言うに及ばず、理系採用が多いメーカーにおいても、大学の現場とのリレーションは希薄化している。今一度、このラインを活性化させたい。大学教員にとっては、多くの企業からのオファーが来ることがあれば、その調整などが煩雑になる可能性もあるが、企業に公平に接する必要はない。教員自身の見立てによって、人材が育つ、伸びる、良質の仕事経験を提供する企業に優先的に人材を送り込めばいいのだ。経営者の姿勢に共感する、人事部長の人柄にほれた、ということでもいい。教員がとある企業に肩入れをする、えこひいきするぐらいでないと、大学生も安心してその薦めに乗れないだろう。

こうして、一部の大学教員には企業からのオファーが押し寄せ、多くの教員にはどこからも声がかからない、というような状況になれば、新たな教育評価の視点にもなる。大学教育と企業・職業との接続はとても難しいテーマだが、こうした小さなところから改革が始まってもいいのではないだろうか。

†企業が求める人物像は、ひとつではない

企業サイドで画一的になったものの最たるもの、それは「求める人物像」だ。どの企業も、同じように自立型人材とか、ゼロから何かをなせる人材などなど、言葉は多少違っていてもほとんど同じような画一的な人物像を掲げているのだが、ここにもメスを入れる必要がある。

この状況を生み出した背景は根が深い。企業が抱えている根源的な悩みが折り重なったものだからだ。それには三つの潮流がある。

90年代後半から今に至るまで、企業の人材マネジメント課題のトップは「次世代リーダ

ーの発掘・育成」である。連結決算に伴うグループ経営の強化、組織のフラット化に伴うカンパニー制への移行、主力事業の立て直しや次なる基幹ビジネスの創出、イノベーションの推進、グローバル市場への展開などなどの重要かつ前例のない経営課題に対応するために、高い志を持ち、明確なビジョンを掲げ、難局に立ち向かっていける次世代リーダーの必要性が、数的にも質的にも、急増した。それまでの日本企業といえば、安定的に事業を運営できるマネジャーは大量に生み出していたが、ゼロ＝何もない状況から、ことをなしていくというリーダーに必要な経験・能力を持つ人材は育っていなかったのだ。

各社は、その発掘・育成の仕組みを模索し始めた。GEやP&G、モトローラなどアメリカの先進企業のリーダー発掘・育成手法を取り入れ、部課長格の人材や中堅社員の中で、そのポテンシャルを持っている人材を（多くの場合は非公式に）リストアップし、彼らに、特別な研修の機会を提供する、関連会社の主要ポストへと異動させる、などの施策をとり、次世代リーダーの発掘・育成を始めた。だが、多くの企業で、思うような成果が上がってはいない。その理由をここで詳細に検討することは控えるが、「過去の採用では、リーダータイプではなく、安定的に事業を運営できるような管理型人材を選んでいたのではないか」「そのようなポテンシャルを持った人材を採用することが重要だ」という見解が生まれたことは確かであり、新卒採用で採用すべき人物像の急激なシフトを生み出す強い要因になっている。これが一つ目の潮流だ。

二つ目は、仕事の変化だ。コンピュータやコピー、ファックスなどを例に挙げよう。かつて、ＯＡ（オフィス・オートメーション）の潮流とともに、コンピュータの端末や、小型コピー、ファックスがオフィスにどんどんと進出していた頃、これらの業界の営業担当者は、コンピュータ、コピー、ファックスというハコを売っていた。「この製品は、こういう機能があります」「他社製品に比べて、このような利便性を持っています」と、製品特性を伝え、値引き対応に応じながら、売上を上げていた。一部の優秀な人材が、高機能な製品を作り出し、その価値をマニュアルなどで言語化する。現場は、その価値を普及する役割だったわけだ。

しかし、今、各営業担当者が行っているのは、各企業の課題解決だ。「業務の流れの変化に合わせて、コンピュータシステムを改変したい」「現在のコストを、半分に圧縮したい」などなど、個々の企業が抱える経営課題、事業課題に対して、トータルな提案をするのが、彼らの仕事だ。いかに深いレベルまで課題を聞き出すことができるか、そして、その前例のない課題に、どのようなソリューションを提供するか。現場にいる個々の人材が主体的に動き、自立的に考え、形にすることが求められるようになったのだ。

こうした変化は、どのような業界、仕事においても生じているものだ。製造業が、大量生産型から多品種少量生産にシフトしている、というのも全く同じ構造である。市場が成熟してくると、現場の人材に、自身で何をすべきかを考え行動するという自立性が必要になってくる。WHAT＝何をするかを規定されて、HOW＝どうするかを考えるスキル・ワーカー主体の時代から、すべての仕事において、WHATを考えるナレッジ・ワーカーが主体となる時代へと変化したのだ。

三つ目の潮流は、仕事・職場環境の変質だ。第一章でご紹介した「モチベーションが上がりにくい構造になっている」という話である。そのような環境の中では、指示を待っているような人、指示されたことだけをやっているような人ではなく、環境に対して自立的に働き掛けていく人材が望まれるのだ。

この三つの潮流と、現在の新卒採用において各社が掲げている人物像は、フィットしているように感じる。しかし、仔細に読み解くとフィットしていない。この三つの潮流から導かれる「求める人物像」は、ひとつに集約されるものではない。

†次世代リーダーへの渇望感が生んだミスリード

二つ目、三つ目の潮流から抽出されるのは、「モチベーションが上がりにくい環境の中で、顧客が望むWHATを考えることができる人材」だ。このような人材の核となるのは、相手が考えていることに主体的に耳を傾ける姿勢を持っていることだろう。モチベーションが上がらない状況を打開するには、自身の上司、同僚、関連部署が何を考えているのか、何を大切にしているのかを、自ら探索し、発見することが求められるし、相手が考えていることを真摯に聞く姿勢と能力があれば、人は心を開く。顧客が望むWHATを創造するには、クリエイティビティが必要と思われがちだが、実は、顧客や関係者の想いを引き出し、共有することができれば、その段階で、WHATは共有できているものだ。

このように、現場の中で、ある意味では地味な、あるいは地道な努力を重ねることができる人材が、大きくクローズアップされる。

さて、この人材を採用するのに、現在の潮流はフィットしているだろうか？　これは、各企業が口にする「自立型人材」とフィットしているだろうか？　私には、それが同じだとはどうにも思えない。

各社が漠然とイメージしている像。それは、一つ目の潮流に強く影響を受けて構築された「求める人物像」なのではないか。そう。次世代リーダーへの渇望感から湧き上がっている「高い志を持ち、明確なビジョンを掲げ、難局に立ち向かっていける人材」という像だ。

その二つの像は、両立するだろうか？　もちろん、その両者の資質・能力を兼ね備えた人もいるだろうが、そこに求められているものが大きく重なってはいないのではないか。

その二つの像は、どちらの方が、量的なニーズが強いのだろうか？　自明だろう。仮に100人採用するとすれば、次世代リーダーになれるのは、あるいはなってほしいのは5人から10人だろう。残りの人たちは、厳しい現場の中で地道な努力を重ね続けていける人であってほしいはずだ。そして、両者が社内で辿るキャリアは全く違うものだろう。

†大卒のキャリア・コースを多様化しよう

これまで、日本企業は、大卒人材を幹部候補≒次世代リーダー候補として採用し、全員にそのような期待をかけ、機会を与え、しかるべき処遇を提供してきた。キャリア初期から中期にかけては、ほぼ全員に処遇の差をつけずに、すべての人材に部長・取締役への昇進可能性を抱かせ、モチベーションを高く維持させる煽りの構造を維持してきたことが、日本的雇用システムの根幹であり、日本企業の成長の源泉だと指摘する研究者もいる。しかし、成長期から成熟期への突入とともに、そのモデルは制度疲労を起こし、変化を余儀なくされた。企業は、組織・人事制度の変革を進めた。成果主義の導入、非正規社員の活用、などなど。しかし、そのような変化の時を経た今もなお、日本企業は、大卒人材を幹部候補＝次世代リーダー候補として採用し、全員にそのような期待をかけ、機会を与え、しかるべき処遇を提供しようとしている。就活の混迷を引き起こしているのは、まさにこの点にあるのではないだろうか。

製造、販売、営業などの現場には、かつては高卒社員がたくさんいた。しかし、スキル・ワーカーからナレッジ・ワーカーへのシフトにより能力の高い人材の需要が高まり、同時に大学進学率の急騰によって高卒就職者が激減したことが相まって、高卒従業員は急速に減少し、従業員の大卒比率は、どんどんと高まっている。

にもかかわらず、企業は、今も大学生のすべてを幹部候補として扱おうとしている。その志に嘘はないだろう。リーダーを一人でも多く生み出したいから、新入社員の段階で少しでも大きな母集団を形成しておきたい、という意向でもあるだろう。

しかし、であるがゆえに、企業は万人に高いハードルを課し、学生を混迷させてしまったのではないか。現場で地道な努力を重ねていくことに適した人材に「あなたのやりたいことは何か？」と過大な問いかけをしたり、次世代リーダーとして期待されていると幻想を抱かせながら、そのキャリア・イメージから乖離した現場に配属することで迷走させているのではないだろうか。そして、次世代リーダー人材を求めていながら、採用数を確保するため十分にその能力・人となりを見極める手段が講じられていないがゆえに、「採用ミス」が続出するのではないだろうか。そして、選考方法を各社なりに独自で考案する努力を怠り、パターン化・同質化してしまったがゆえに、マニュアルの跳梁跋扈を許してしまったのではないだろうか。

企業の言い分は、こうだろう。次世代のリーダーも、まずは現場を経験することが重要であり、その実態の体感、そこで得られた知見が、後々にリーダーとして活躍していくうえでの糧になるのだ、日本企業は、これまでもそのような方法によって人材育成をしてきたのだ、と。しかし、である。それは、既存ビジネスを成長・拡大させていく時期にうまく回っていたモデルなだけであり、現在のような変革期、再生期にも合理性があるとは言い切れない。少なくとも、うまくいかなくなってしまったという事実は受け入れる必要がある。さらに、現場の最前線での仕事も大きく変わっている。以前のように、難易度が低く、初級キャリア者の育成に適していた時代とはわけが違う。最前線の仕事にプロフェッショナリティが求められる時代だ。

企業は、大卒人材に何を求めるのか。どのようなキャリアを提供するのか。成熟時代を迎えた企業の実態と、また、ユニバーサル・アクセス型へとシフトしている大学の実態を踏まえ、企業内の雇用システム、人材育成システムを見直し、多様化すべきである。

次世代リーダーとしてのエントリー、職種別採用に代表される特定カテゴリーのプロフェッショナルやエキスパートを想定したエントリー、地域限定職や専任職のような一定の専門性を必要とする定型業務・サポート業務につくようなエントリーなど、コースのデザインは各社によってさまざまのものが考えられる。それぞれによって、求める人物像はもちろん異なるし、選考方法も異なるし、初任給の額も異なるだろう。

このようなコース別採用は、欧米の主要企業においては当たり前の存在としてみられる。同じ大卒でも、大学のランク、学んだ内容、成績によってリーダーコース・上級ホワイトカラーコースに入社することができる人と、その他のコースに入社する人がいる。181ページでご紹介したイギリスのケースは、新卒採用で求めているのが、次世代リーダー候補だけである、ということだ。各国とも、幹部候補、次世代リーダーは、新卒から生え抜きで育てたいと考えているのだ。

そして、主要企業の次世代リーダーコースに入ることができるのは、トップレベルの大学や特定のビジネススクールを優秀な成績で卒業する大学生、大学院生だけだ。フランスの高等専門教育機関・グランゼコールの名門エコール・ポリテクニークを卒業したカルロス・ゴーン氏は、フランスの上級ホワイトカラー階層であるカードルとしてミシュランに入社し、入社3年目の27歳で工場長、31歳でブラジル・ミシュラン社の社長、35歳で北米子会社の社長になっている。このように高等教育と企業の幹部人材の育成がワンセットになっている。グローバル化にさらされ、次世代人材の在り方に悩む日本は、改めて欧米の高等教育と産業との接続の在り方から学ぶべきである。

しかし、大学の改革を待ってはいられない。まずは、企業が動き出すことだ。新しい絵を描くことだ。ただし、設計においては、入り口時点でコースが固定してしまうシステムにしてはならない。専任職のコースで入社し、しかるべき成果をあげれば、エキスパートのコース、あるいは次世代リーダーのコースへと転換できる運用が必要だ。望ましいのは、毎年一定比率がコース転換するという運用だろう。

企業の実態と個人のキャリア志向に即した新たなキャリア・コースが策定されたとき、学卒未就業者、就活エリートの迷走など一連の就活問題は、解決に向けて大きく動き出すはずだ。

†多面的な選考プロセスをデザインしよう

面接に過度に傾注し、各社ともに同質的なスタイルをとる現在の選考プロセス。ここにも問題がある。採用時期、採用経路、採用コースと同時に、採用選考方法も、多様化させたい。各社が各社なりに、もっともっと個性的な選考方法を考えるべきだし、一社の中でもいくつもの方法があっていい。「日常×主観」「日常×客観」「非日常×主観」「非日常×客観」の四つの象限の特性を活かした設計を行いたい。「採用選考ポートフォリオ」を見直し、多様性をもったスタイルの確立を目指したい。

面接以外で、多くの企業が現在実施している選考方法のひとつに「ペーパーテスト」がある。公務員試験の一次試験の問題のように、一般常識や読解力（≒現代国語）、数量処理力（≒算数、数学）を問うものと、作文・小論文のような表現力、論理性を問うものに大別されるだろう。これらの多くは、大量の応募者の中から、基準に満たない人をふるい落

図表終-1　選考方法の４タイプ

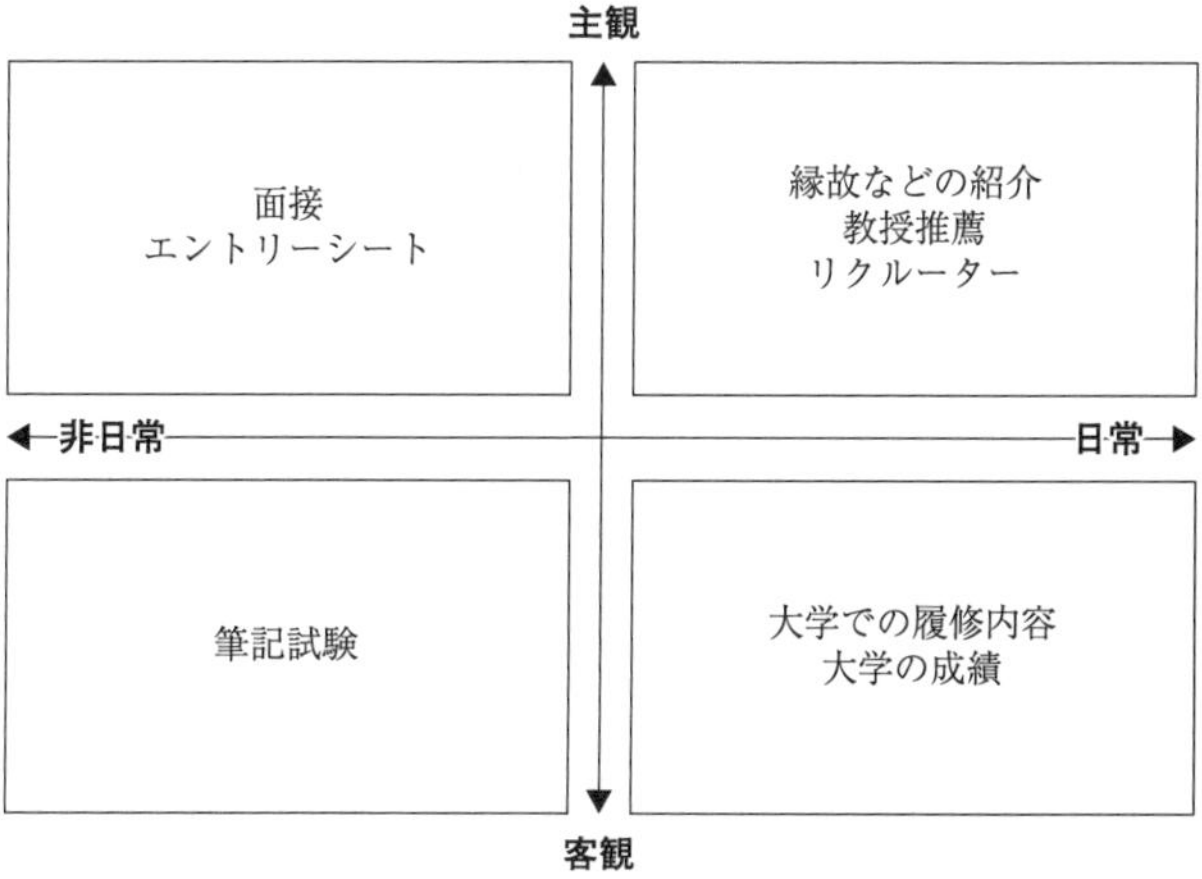

とす、いわゆる足切りとして使われている。

もうひとつ、実施されている方法に「適性検査」がある。心理学の知見を利用したアセスメントテストの実施により、個人の性格特性、思考行動特性を把握するものだ。面接を実施する際の補助的な材料として使われるのが一般的だろう。

つまり、現在の採用選考方法は、「非日常×主観」情報に強く重点を置き、「非日常×客観」情報を補完材料として使っている。これが、応募者がある程度の数に及ぶ大手企業、人気企業の平均的なポートフォリオである。そして、多くの企業が「非日常×主観」情報の収集に関する検討、「非日常×客観」情報の収集に関する検討については熱心に行っている。それぞれにも改善、改良の余地はまだまだあるし、新たなシステムやサービスも開発されているが、「日常」の情報が考慮されていない、という点が大きな問題だ。

大学では何をしてきたか、という日常の情報を、面接あるいはエントリーシートという非日常のフレームで切り取ってはいるが、前述のとおりそこに立ち現れているのは、決して日常ではなく、本人の中で、応募企業にあわせて再構成されたストーリーでしかない。グループディスカッションを活用して日常での思考行動特性を射抜こうとしている企業もあるが、この手法は、就活エリート達の術中にはまってしまうようなものだ。どのようなキャラを演じればいいか、と即座に空気を読み、役割を見事に演じてしまう学生が勝ち残るゲームでしかない。

「日常×主観」情報については、第三者を介して入手するという方法がある。採用経路の多様性のところで触れたように、推薦や縁故による紹介とは、良質の「日常×主観」情報獲得ルートである。リクルーターの活用がうまくできている会社は、「非日常」ではなく「日常」の学生のナマの姿を捉えることができているのだ。

だが、日常に関する主観的な情報は、その本人の日常を観察するのが最も好ましいのはいうまでもない。その人の日常に隠しカメラをつけて、1週間観察したらかなりのことが分かるが、もちろんそんなことはできない。だからこそ、インターンシップや一定以上の時間とプロセスの中で成果を出していくグループワークに意義がある。より日常に近い環境の中で、彼らの発言、行動、他者への働きかけなどを見極めることには意義がある。意義があるのは、企業にとってだけではない。学生自身にも大きな意味がある。特に就活エリートに。選考のカギが、面接やエントリーシートのような一発勝負の場ではなくなり、短期集中で培う付け焼刃的な自己武装、これまでの武器である「コミュ力」が通用しなくなれば、マニュアルの価値は激減する。おそらく、彼らは混乱するだろう。「どうすれば、このゲームに勝てるのか？」と、次なる方法論を求めるだろう。そして、その方法論がないことに気付くだろう。これは勝ち負けのゲームではないのだ、ということに。

†本物のインターンシップを実施しよう

こうした意識変革のためにも、インターンシップの在り方を改めて考えるべきである。市場に根付きつつあるインターンシップではあるが、採用活動と一線を引くことを大学サイドから要請されたために、本来的な意味を失いながら市場に浸透している。

インターンとは、見習いという意味である。ためしに働いてみるという意味だ。ためしに働いてみてうまく行きそうだったら、その道に進む。うまく行きそうもなかったら、別の道を模索する。アイデンティティ形成における「役割準備」の貴重な機会だ。少なくとも欧米では。

しかし、日本のインターンシップの多くは、1－2週間程度の短期間であり、就業経験といいながらも会社見学のようなものであったり、研修スタイルで学生同士が何かをするようなものであったりする。それはそれで、企業理解につながる内容なのだが、ほんものと作りものとは大違いなのだ。インターンシップは、実際に現場の仕事をやってみるからこそインターンシップなのだ。それを実現しないと、望むべき効果は得られない。

また、就職活動の早期化・青田買いを回避するために、インターンシップと就職活動を切り離して運用することが求められているが、このことが企業の実施動機を大きく削ぎ、就業体験を伴った長期のインターンシップという大学生にとって有意義な役割実験の場が形成されない背景・つまり社会的損失の原因ともなっている。

いまこそ、仕事体験型の長期インターンシップを根付かせるべき時だ。そして、インターンシップを、企業サイドの採用活動の一環とすることを許容するべきだ。インターンシップにおいて仕事、職場への適応を見せた学生には、企業からの積極的な入社の勧誘が行われる。欧米では、ごく当たり前に行われているこの実態を、日本でも推進するべきだ。

かくいう私も、「インターンシップ」で就職先を決めている。実は、私は就職留年をしている。理系に進みながら、進路決定の際に「私がやりたいのは、文章にかかわる仕事だ‼」という偏狭なゴール志向を抱き、大手出版社だけをいくつか受け、そのすべてから「ザンネンナガラ」という文字の入った電報を受け取った。第一希望の会社から最終面接に通らなかった通知を受け取ったときのショックは今も忘れられない。

そのとき私は思った。自分は何と世間知らずであったのか。面接担当者の大人たちと良好な会話ができなかったではないか。

大学推薦でどこかの会社に入れという親の言葉を振り切って留年を決めた私は、大学5年生の前半を「普通の会社でアルバイトする」ことにした。普通の大人と普通の会話をし、仕事というものを目の前で見て、その社会に少しでも馴染んでみよう。そうすれば、次なる面接では、もっとまともな会話のキャッチボールができるはずだ……。

アルバイトをしたのは無名の会社だったが、出版らしきことをしているのでいい社会勉強になるだろうと飛び込み、半年ほどスーツを着込んで働いた。働いている最中に、何度か入社を勧められた。最初のうちは全く考えていなかったが、半年たった時には「ここに入るのも、悪くないな」と思うようになっていた。その会社に、今も私はいる。

私のこの経験は、もちろん正式なインターンシップではない。しかし、インターンシップそのものだ。そして、その半年の経験が、偏狭なキャリア・スタンスを矯正してくれた。私にとって大切なのは「文章に関わること」ではないことが、その経験の中で見えてきたからだ。

大学生のアルバイトといえば、小売、飲食などの店舗の仕事や家庭教師、塾の講師などが主流であるが、普通の会社が、使いっぱしりの仕事でもいいから大学生に働く機会をもっともっと提供してくれたらと思う。大学生を、「イベントにお招きするお客様」のように扱うのではなく、ともに働く一員として招き入れるような場を用意してほしいと思う。

ギャップ、ヴィレッジヴァンガードは、一般企業が行うような新卒採用を一切していない。アルバイトで活躍した人を社員に登用している。小売・サービス業の特性を活かした手法ともいえるが、さまざまな意味で学ぶ点が多い。

そんな観点をも含め、インターンシップの在り方を問い直してみてはどうだろうか。

†日常で獲得・発揮した能力を可視化する仕組みを作ろう

「日常×客観」情報の強化も同時に行うべきだ。普段の本人の能力獲得・発揮を立証するものである。

以前は、大学の成績証明書がこの機能を果たしていた。しかし今、大学の成績を重視する企業はあまり見受けられない。企業が求めている能力、姿勢を、大学の成績が表わしているとは考えられていないからだ。Aがたくさんあるといっても、その学生が自発的にことに取り組み、成果を出すことができるとは思えない。与えられた題材を要領よくこなしていくことでいい成績をとっていても評価はできない、というわけだ。

大学生に勘違いを誘発する資格も、「日常×客観」のカテゴリーに入る問題だ。「非日常×主観」での一発勝負に自信がない多くの大学生が、自身は何ものであるのかを立証しようとして資格獲得に走る心情は察するに余りある。しかし、選考において、資格が意味を持つことは少ない。資格を持っている、ということは、ある学業の成績が良かったという程度にしか評価されない。難関資格であれば、チャレンジする姿勢、継続学習力を認定してもらえるが、定型的なものを学ぶということに関して、企業の評価は概して冷淡である。TOEICに代表される英語力に関してはその限りではなく、明確な条件を課す企業もあるし、帰国子女、長期留学経験者が採用上で優遇されることはもはや常識であるが、グローバル化への対応という企業の死活問題と接している例外事項といえよう。

こうして現状を俯瞰すると、企業が求める人物像に適っているかどうかを、客観的に表すものが整備・確立されていない。多くの企業が求めている人物像には、かなりの共通性があるにもかかわらず、その能力や資質の獲得・保有状況を指し示す客観材料がないのである。

企業が求める人物像は一つではないが、共通する基盤はある。「何もないところから、自分が主体者となって、さまざまな人たちを巻き込んで何かを作り上げることができる人材」である。自らの問題意識や意志に基づき、何かを実現するために、ある計画を立案し、理解者、協力者を獲得しながら、その計画の実現に向けて行動し、状況に応じて修正を加え、それをやりきることができる。そういう人材を企業は求めている。日本企業の品質管理、生産性向上に大きく寄与したE・デミングが開発したPDCA（Plan：計画 Do：実行 Check：評価 Act：改善）サイクルを自分で回せるという人だ。

経済産業省が中心となって体系化した社会人基礎力は、その共通性に基づくものだ。基礎学力と、職業知識や資格など専門知識に加えて、職場や地域社会で活躍をする上で必要になる第3の能力として社会人基礎力が定義された。「前に踏み出す力」「考え抜く力」

図表終-2　職業能力の構造

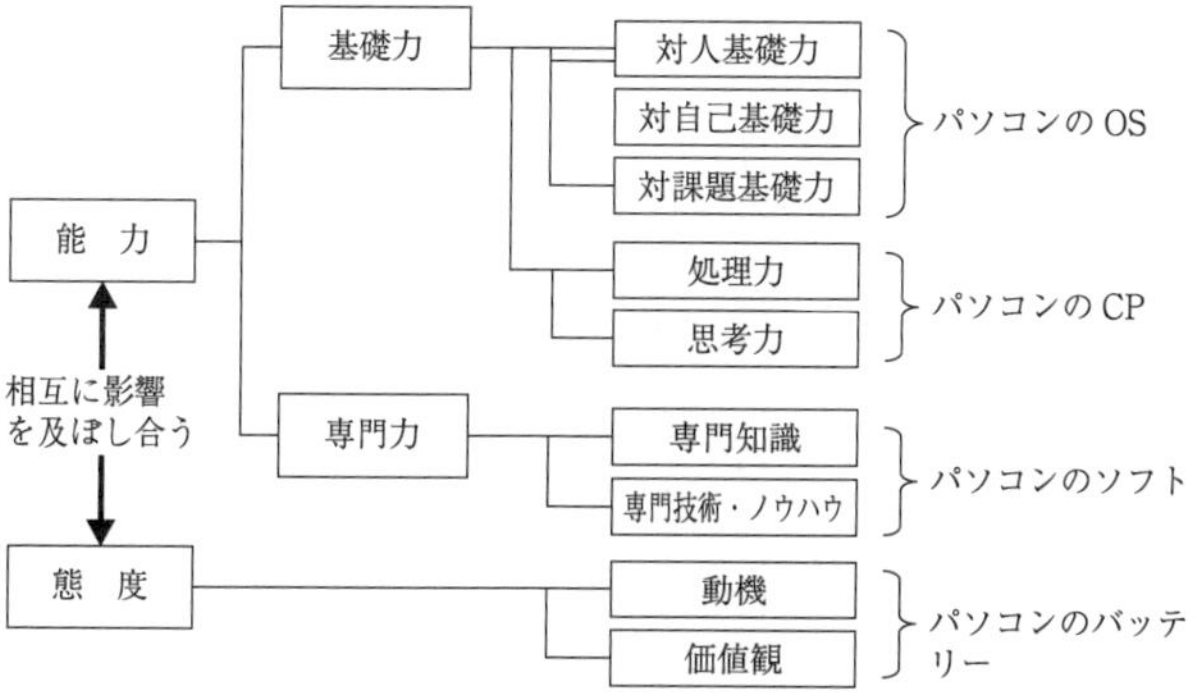

（出所）大久保幸夫『キャリアデザイン入門〈1〉―― 基礎力編』（日経文庫）

「チームで働く力」の三つを社会人基礎力の核としている。リクルート ワークス研究所が体系化した「職業能力の構造」は、その原型ともなったものであり、その核となっている「対人基礎力」「対自己基礎力」「対課題基礎力」の保有度合いが高いほど、本人の仕事満足、成長実感が高い、という傾向が顕著なものである。

こうした基礎力を中心とした、今社会で求められている能力を体系化し、大学生がそれらの能力をどのように形成しているのかを測定可能にすることが、求められている。

まず整備したいのは、大学での学びの可視化である。どの大学のどの学部でどのようなことを学んだのか、どのような講義に興味を示し、どのようなゼミでどのようなパフォーマンスを発揮したのか、知識・能力獲得レベルはいかほどなのか。こういうことが、企業サイドの視点を踏まえて可視化、共有化されるようになり、それを企業が採用時に評価するようにならないと、学びのインセンティブが発動しない。大学生が学ばないのは、教育サイドの問題だけではなく、企業サイドが評価しないからでもある。

現在大学が発行する成績証明書ではこれらの実態が把握できないのだとすれば、それをどのように改変すればいいのか。産業と教育の双方が知恵を出し合い、新たなプラットフォームを作っていきたい。

大学以外の第三者機関による、そうした能力の判定システムの整備も望まれる。TOEICと同じように、仕事をする上で重要な能力の保有状況を測定するようなものだ。たとえば、半日の試験、実習などによって、その学生の論理的思考力レベルが認定できる、というようなものである。そのような体系ができると、対策本がたくさん出てくることは必定だが、対策によって本当の論理的思考力が身につくのであれば、それもまたよしである。

†入社後の活躍をゴールにした選考の再設計を

そうはいっても、最後は「非日常×主観」である。面接が決め手になる。その事実は変わらないだろう。では、どのように改変していけばいいのだろうか。

やりたいことを聞くのは、やめよう、と決断した企業がある。その企業は「あなたがこれまでの人生の中で、一番やりたくないことは何でしたか？　そのことに対して、あなたはどのように行動しましたか？」という質問を試みたという。

学生時代に力を入れたことではなく、普段の生活ぶりを聞くことを心がけている、という企業もある。非日常の中でも、非日常的に整理された話を聞くのではなく、より日常に近い情報を引き出すために、日常会話のようなスタイルで臨むのだという。

高校時代の行動、経験を聞く、という企業もある。人間の基本は、大学に入る前に固まっているのではないか、であれば高校生活に注目しよう、というわけだ。

それぞれ工夫があっていいと思う。だが、私は、大学時代に何をしていたのか、どうしてこの会社を応募したのか、という普通の質問を投げ掛けるので十分だと思っている。面接が、非日常×主観の場である限り、そこには限界がある、と思わなくてはならないし、面接に至るまでに、どのような情報交換があり、学生と企業がどのような関係を形成しているのか、のほうが重要だと思っているからだ。

理想は、面接に至るまでに、「日常×主観」「日常×客観」での選考プロセスがあり、お互いがお互いのことをある程度知っていて、学生も、その場をうまくやりきるためのストーリー作りを「あきらめて」、よりフラットな状態で臨む、という状況を作り出すことである。お互いにいいところも悪いところもある、ということを踏まえて、一緒にやっていけるかどうかを最終確認する場であってほしいと思う。

それは、学生に、採用選考のプロセスを通して、社会人としてデビューし、会社生活をするその場で求められるコミュニケーションスタイルを実感してほしいからだ。今までのように、空気を読んで、その場が盛り上がることを重視した関係性を重ねる、という「コミュ力勝負」の場ではない、ということに気付いてほしいのだ。

企業は、彼ら大学生に、そのとても大きく大切な気付きを提供するために、選考方法の大リストラクチャリングをしてほしい。各社の業界特性、仕事特性、「その会社らしさ」を踏まえてポートフォリオをデザインし、個性的な選考を行うことだ。

さて、そのように採用選考手法を一新すると、採用される学生は、様変わりするのだろうか。今まで採用されていた学生とは全く違う人が、採用されることになるのだろうか。もちろん、そういうこともあるだろう。選考視点・プロセスを変えることで、これまでは注目されなかった学生にスポットが当たることにもなるだろう。

しかし、私は、結果的には、これまで「就活エリート」となっていた層の多くの人たちが、やはり人気企業、有名企業へと入社を果たしていくのだろうと思っている。問題は、彼らの側にあるのではない。彼らのキャリア・スタンスを歪めてしまうような社会的メッセージや採用選考手法にある。それらが修正されれば、良質なポテンシャルをもった就活エリート予備軍たちは、就活マニュアルなどに振り回されることなく健全なキャリア・スタンスを身につけ、自身にふさわしい企業と出会い、適応し、活躍していくだろう。

そして、そうした改革を実現していく上で最も重要なのは、彼らが入社して、何年後かに活躍している、という姿を想定し、その実現に向けて、選考方法をリデザインすることだ。

「◎人採った、上位大学から◎人採れた」という狩猟のような話ではなく、「◎年入社の◎人は、三年目を迎え、……という状況である」という農耕的な話を大切にしてほしい。企業にとって、新卒採用は毎年行う行事であり、その度に成果が出ていると受け止めがちだが、入れただけでは成果は出ていない。入った新人・若手が元気よく活躍して、初めて成果といえるのだ。入社した新人・若手の8割がローパフォーマーになってしまっているような状況は、「新卒採用／新人・若手の育成・ひとり立ち」という全体最適ではなく、

「新卒採用」という部分最適に走りすぎた結果なのだ。

採用決定ではなく、入社後の活躍までを想定し、選考プロセスを個性的に再設計する。すると、必然的に、大学生への情報提供、採用コミュニケーションの在り方も変わってくる。

†大学生を「お客様扱い」するのをやめよう

これまでのように、たくさん集めて気持ちを高めて、そこから一気に採用しない人を排除していく、というスタイルではなく、初期の情報提供、初期の接点から、学生と企業の双方が相互に選んでいくようなイメージだ。そこにあるべきは、合格、不合格という受験のような世界ではなく、お互いが合意し握手をするような世界だ。

近年の採用コミュニケーションは、会社を、あたかも商品やサービスのように見立て、学生を「お客様」「消費者」のように扱ってしまっているように思う。ともに働く人になってほしいのに、どこかでボタンを掛け違えているように思う。

「あなたのやりたいことは、何ですか?」

という質問は、その齟齬の最たるものなのだろう。この言葉が出てきた背景は、企業変革

において、当事者意識を持って、主体的に行動してくれる人を求めたいが故に発せられた言葉だ。それは、

「Ask not what your country can do for you—ask what you can do for your country. あなたの国家があなたのために何をしてくれるかではなく、あなたがあなたの国家のために何ができるかを問おうではないか」

という、J・F・ケネディの大統領就任演説の一説に相通ずるものだ。混迷するアメリカにおいて、国に依存するのではなく、それぞれが国のために何をなすのか、それを考えてほしい、と訴えたケネディの気持ちは、現在の企業経営者全員が従業員に対して抱く心情に重なる。

しかし、それがいつのまにか「やりたいこと」という、似ていながら抜本的に異なる意味合いを持った言葉に変質してしまった。ここから、企業と大学生のコミュニケーションは、おかしくなったように思う。

企業に属した個人が、やりたいことにかかわり、自己の夢を叶えたり、成長を遂げたりするのは、すばらしいことだ。だが、それが第一義にあるのではない。頑張った人の中には、結果としてそのような事が得られることもあるというだけである。だが、就活エリー

トは、そのことに異議を唱える。それをなぜ提供してくれないのか、と文句を言う。「困っている状況に、手を貸してほしい。そっちのほうで水漏れがしているだろう、何とか止めてくれ」といっているのに、やりたいことと違う、といってその事にコミットしない。

そういう新入社員を生んでいるのは、生活や労働の主体者であることを自覚する前に「すでに子どもたちは立派な「消費主体」としての自己の確立をしている」と諏訪哲二氏が著書『オレ様化する子どもたち』の中で指摘するような消費社会の特性による点も少なくない。

しかし、会社という社会の中でも消費主体でありたい、あることができると信じてしまう就活エリートを生み出しているのは、企業が採用のプロセスにおいてそのような意識を助長するコミュニケーションスタイルをとり、就活を通して彼らを消費者のように扱っているからだ。

大学生を「お客様」扱いするのをやめよう。お客様に見せる顔ではなく、従業員に見せる顔で、大学生と接しよう。そのスイッチを切り替えるだけで、イメージのみによって形成される〝恋社精神〟は消失し、大学生が企業に期待するものは、もっともっと地に足が着いたものになるはずだ。

†エントリーシートを廃止しよう

大学生全員に「やりたいこと探し」を求める。これもやめよう。今すぐに。

第一章で紹介した「やりたいこと」「できること」「やるべきこと」のベン図。元はE・H・シャインのモデルだと説明したが、シャインは、自身のキャリア理論をMIT（マサチューセッツ工科大学）のスローンスクールという全米トップクラスのビジネススクールの卒業生を研究対象として構築した。つまり、大学院生、それも経営学修士＝MBAホルダーで、上級ホワイトカラーになることが約束されたような人材がベースとなった理論なのだ。おまけに、シャインは、そうした自己への問いかけを、社会人デビューの時ではなく、ある程度仕事経験をしたキャリア中期に、転職などの節目において行うことを勧めている。職業経験のない大学生に、そんなことを勧めてはいないのだ。

ゴール志向をいたずらに高めることは、就活エリートの迷走の最大の原因である。また、就活漂流層、諦観層を生み出している主因であることも、もちろん忘れてはならない。「やりたいこと」が見つからないと、自己分析をしっかりやらないと就職できない、という事態を、これ以上看過できない。それは、キャリア・デザインの王道でもなんでもない。

みんながそんなことをするのは、大変危険なことなのだ。それがどんな事態をもたらすのかは、今の日本の現状をみれば明らかだろう。

しかし、「やりたいこと探し」をやめよう、という精神論だけではこの事態は打開されないだろう。そこで提案したい。エントリーシートを廃止しよう。

エントリーシートは、「あなたがやりたいことは何ですか?」というコミュニケーションを生み出した原点であり、いまや採用活動・就職活動の中核に位置するものだが、あまりにたくさんの会社が、個々に微妙に違いながらも本質的には全く同じものを使っているため、ほぼ全員が取り組み、マニュアルやノウハウの跋扈を誘発する現在の就活の問題の最大の温床でもある。これを、生みの親であるソニーをはじめとした人気企業、有名企業がすべてやめたら、世の中は大きく変わるだろう。

しかし、本人のやりたいことを本気で問い、それに答える採用をすることを止め立てするつもりはない。職種別採用など、それが実現できるコースを設定することは、ぜひとも推進してほしい。しかし、その入り口部分にエントリーシートのような形式的なものを使用するのは無意味だ。「やりたいこと」ができるのかどうかは、本人にプレゼンテーションさせるのではなく、会社が見極めるのだ。

もうひとつの代表質問、「大学時代に力を入れたこと」は、面接で聞くのに留めてはどうだろうか。自分自身について書かせるという行為が持つ強引さ、乱暴さを、冷静に考え直すべきだ。自分ひとりで、自分のことを言語化するのは、年季の入ったビジネスパーソンにも難儀なものである。しかし、うまく引き出してくれるパートナーがいると、人は問わず語りで自身のことを語り出す。人と話しているうちに、自分が考えていることや大切にしていることが整理される、という経験を、誰しもが持っているだろう。書かせるのではなく、聞き出す。個人の経験は、そうして引き出してあげたい。

†就社を推奨しよう

だが、「自分探し……アイデンティティの形成、確立」を放置していい、ということではない。大学にはいる前後から、社会人として一人前になる、というスパンの中で、すべての大学生・若手社会人が、人との出会い、役割実験などのさまざまな機会を通じて、自己の中の一貫性・斉一性を認識し、他者からの承認を得ることは、きわめて重要だ。

ここでも、その確立方法をひとつに絞るという発想は捨てよう。いろいろな方法やプロセスがあっていいし、いろいろあっていいということを積極的に受け入れる社会にしなくてはならない。

自己発見のアセスメントツールを使ってもいいし、インターンシップをしてもいい……という次元の話をしているのではない。そうした非日常の機会を使って、自己との対話の機会を作ることはもちろん悪いことではないが、日常の中で、それを実現していくことこそが重要だ。日常とは、つまり、授業やゼミといった通常の大学生活であり、通常の仕事をしているという社会人生活である。

まずは会社に入って、与えられた仕事をする中で、職業的な自己を確立していく、という方法はどうだろう。なんのことはない、バブル期までの大学生が取っていた方法だ。「就社」という言葉で否定的にとらえられているものである。「やりたいことが明確じゃないと、採用してもらえない」という実態があるので、この形成プロセスが否定されているかに思われるが、今の若手の多くも、このプロセスを結果的にはたどっているのだ。「やりたいこと」を決めて入ってはみたけど、そこでは「やりたいこと」なんてできなかったし、それが「やりたいこと」ではないような気もしてきた。悶々としながら仕事を続けているうちに、なんとなく自分がどうありたいのかが分かってきた。現実は、そんな若手社会人が多数派だ。だったら、何も会社に入る前に「やりたいこと」なんて固めないほうがいい。自分と肌が合いそう、だから入ってみよう、という「就社」があっていいのだ。いや、それこそがスタンダードでいいのではないか。105ページに書いたように、「山登り」ではなく「筏下り」をするのである。それなりの激流に身をゆだねて仕事をしていれば、まず間違いなくアイデンティティは形成される。

しかし、この「就社」という解決策は、極めて妥当な方策だと思っている反面、大学での学びと職業が接続していないという日本の現状を踏まえた善後策である、とも思っている。本質的な解決のためには、大学での学びと、会社に入って多くの人が携わる仕事とが、何らかの形で接続される仕組みを再構築することが求められる。日本の大学教育と職業は、昔から今のように分断されていたわけではない。高度成長期の初期には、理系のみならず、文系においても、学部と職業がリンクしていたのだ。就活の問題を抜本的に解決するには、個人の職業アイデンティティの健全な形成モデルを確立するには、この領域にまで踏み込む必要がある。紙幅の関係でこれ以上は触れないが、日本社会の大きな宿題である。

†就活が変われば、社会は変わる

ここまで論じてきたことを整理してこの本を締めくくろう。

就活エリートをはじめ、すべての大学生が、社会にデビューしていく中で健全なキャリア・スタンスを形成・確立していくためには、まず「やりたいこと」という、誤解を招きやすい、あるいは実態に即していない、あるいは学生にキャリア・プレッシャーばかりを与えるキーワードの氾濫を抑え、そして「やりたいこと」というメッセージに過度に反応することで形成される「ゴール志向」を抑制しなくてはならない。また、キャリア・プレッシャーや就活というゲーム化したルールによって増幅してしまう「不信」から、大学生を解放しなくてはならない。

そのためには、採用側である企業が、まず変わらなくてはならない。いま一度、各社の実情を見つめなおし、求める人物像を整理することだ。それは決して一つには収斂されないはずだ。同時に大卒キャリア・コースの再設計を行いたい。これまでの大卒総合職という雑駁な一つのカテゴリーではなく、初任給の違いも視野に入れたキャリア・コース再編を行う。再編の仕方によっては、コースごとに個人と会社との「関係」が変わってくる。「就社」型の関係をベースとするキャリア・コース、「職」をベースとした関係になるキャリア・コースに分かれることも考えられる。

こうした再編を踏まえて、採用手法の改革を行う。面接という「非日常での主観的情報」への過度な依存を是正し、選考方法のポートフォリオを編成する。大量の応募者から不採用者を決めていくようなスタイルではなく、出会いを重ねるごとに、学生と企業の双方がお互いを見極めていくような選考プロセスを実現する。学生や若手に根付いている、軋轢を恐れ、空気を読んでその場をうまく盛り上げる「コミュ力」が通用しない場の設計を行い、学生に大きな気づきと自己変容の機会を与える。そして、多くの人が強く心を動かすような情報の提供ではなく、特定の人の琴線に響く現場の実態やその会社の性格や癖＝「らしさ」が伝わるようなコミュニケーションを図る。もちろん、キャリア・コースごとに、採用手法は異なるものになる。

これらは、「大量の母集団から優秀で入社意志が強い人間を絞り込んで内定を出す」というパラダイムからの脱却なくしては実現しないだろう。欲しい人を見つけ出してラブコールを送る。そういう発想に変われば、採用のあり方は劇的に変わるはずだ。今も一般的に使われている「内定をもらう」とか「採用試験に合格する」というような採用側が優位であるかのような言い回しも、消えていくべきものだと思っている。

採用市場も、変わらなくてはならない。出会いの時期の一極集中化を避けなくてはならない。あるべき方向は分散化だ。大学の卒業時期の多様性がもっと生まれれば入社時期の分散化も実現できるだろう。採用の経路も多様化したい。学生がネットで企業を調べて、自分でアプローチする、というワンパターンの状態ではなく、大学関係者やその会社の従業員、友人知人などの「人」というメディアを介するなど、より豊かな出会いの機会をもっと作りださなくてはならない。

そして、私たち社会全体が、大きな意識改革をしなくてはならない。「大学生」という存在が、かつてのようなエリートではもはやなく、しかるべき企業の中で昇進昇格していく旧来型の正社員にすべてなれるという存在ではなくなっていることを強く認識しなくてはならない。それを「世の中が悪くなった」と受け止めるのではなく、虚心坦懐にその変化を受け入れて初めて、新しい社会が生まれるのだ。

新卒採用・大卒就職は、日本社会の中の小さなパーツに過ぎない。しかし、そのパーツは、社会のさまざまなパーツやユニットと密接につながりあっている。小手先の変化ではなく、本質的な変革がもたらされたならば、就活というゲームが、ゲームであることをやめて大きく変われば、きっと社会は変わる。しかし、その変革は、国の政策や法律などのトップダウンによってもたらされるような性格のものではないだろう。一つひとつの会社や一人ひとりの採用担当者が、一つひとつの大学や一人ひとりの教員・職員が、そして大学生のそばにいる私たち全員が何かをなすことによってしかこの変革は成功しない。成熟した社会にふさわしい「オトナ」としての見識、言動、意思決定ができるのか、それとも、横並びを気にし、一律のルールや規制によってしか統制が取れない「コドモ」のままなのか。私たちはいま、その大きな分岐点にいる。

あとがき

私にも、「就活エリートの迷走」を生み出した責任の一端はあると思っている。さしたることを成したわけではないが、新卒採用市場に携わる当事者として長く身を置いてきた人間である。採用する企業、就職する大学生の、とても身近な所にい続けてきた人間である。就職情報誌の編集長であった時には「自分にあった会社、仕事を発見しよう」というメッセージを発信していたし、模擬面接の講師を務め、ハウツウを語ったこともある。

しかし、現在のような状況を露ほども望んだことはない。

就職に勝ち負けはありません。
早く決まれば良いんでもないし、
たくさん決まれば偉いんでもない。

自分にあった会社、仕事を発見して、
自分に誇れる内定を勝ち取るために。
人生の新たなステージに踏み出すために。
あなたらしい、あなただけの就職を、
心から応援しています。頑張れ!!

序章でご紹介した就職ジャーナル1997年4月発行号が大学生協や書店に積まれていたとき、その隣には、こんな一文が入った絵馬が飾られていた。就職活動はみんなが同じルールの下で動くゲームなんかじゃない、それぞれが、それぞれのやり方で就職活動をしてほしい。そんな想いを、何としても伝えたかった。

しかし、そうした思いを持ってきたのは、私だけではない。過去から今日に至るまで、新卒採用・就職に関わってきた多くの人たちが、私と同じようなことを考えてきたはずだ。自社の採用活動を他社とは違ったユニークかつ魅力的なものにしたい、自身の就職活動を他の大学生とは違った個性的なものにしたい、学生の大学生活・教育機会を大切にしたい、学生一人ひとりの良さを企業に伝えたい……多くの当事者たちが、そうした純粋な動機をもってことに臨んできたはずだ。

しかし、そうした思いの集積が織りなしている綾には、誰もが予期しなかった、誰もが望んでいなかった模様が浮かび上がっている。

この本が、その綾をほどき、織り直しをするきっかけになることを、切に願う。

最後に、本書の執筆の機会をご提供いただいた筑摩書房の永田士郎さんに、そして、その永田さんに「就活エリート」という言葉を囁いてくださった東京大学准教授の中原淳さんに、そして、執筆に当たり多くの知識と知恵を提供してくれたたくさんの方々に、厚くお礼を申し上げたい。

2010年11月

豊田義博

参考文献一覧

天貝由美子「高校生の自我同一性に及ぼす信頼感の影響」『教育心理学研究』1995年
天貝由美子「成人期から老年期に渡る信頼感の発達――家族および友人からのサポート感の影響」『教育心理学研究』1997年
石渡嶺司・大沢仁『就活のバカヤロー』2008年、光文社新書
稲泉連『仕事漂流』2010年、プレジデント社
岩脇千裕「理想の人材像と若者の現実」2009年、労働政策研究・研修機構ディスカッションペーパー Vol. 6
海老原嗣生『「若者はかわいそう」論のウソ』2010年、扶桑社新書
大久保幸夫『キャリアデザイン入門〔I〕基礎力編』2006年、日経文庫
大竹文雄『競争と公平感』2010年、中公新書
金井壽宏『働くひとのためのキャリア・デザイン』2002年、PHP新書
香山リカ『悪いのは私じゃない症候群』2009年、KKベストセラーズ
苅谷剛彦・本田由紀編『大卒就職の社会学』2010年、東京大学出版会
佐藤孝治『〈就活〉廃止論』2010年、PHP新書
城繁幸『若者はなぜ3年で辞めるのか?』2006年、光文社新書
杉村太郎『絶対内定2012』2010年、ダイヤモンド社
諏訪哲二『オレ様化する子どもたち』2005年、中公新書ラクレ

高橋俊介『自分らしいキャリアのつくり方』２００９年、ＰＨＰ新書
武内清編『キャンパスライフの今』２００３年、玉川大学出版部
土井隆義『キャラ化する／される子どもたち』２００９年、岩波ブックレット
土井隆義『「個性」を煽られる子どもたち』２００４年、岩波ブックレット
豊田義博『戦略的「愛社精神」のススメ』２００９年、プレジデント社
豊田義博「就活に潜むリスク」２０１０年、Works Review Vol. 5 リクルート ワークス研究所
内藤朝雄『いじめの構造』２００９年、講談社現代新書
中間玲子「〝自分探し〟類型化の試みとそれぞれの特徴について――〝自己違和感〟と〝自己開拓意識〟の枠組みからの検討」２００８年、『福島大学研究年報』第４号
西平直「『アイデンティティ』出自――その言葉の生きて働く場面」１９９７年、「アイデンティティ（エリクソン理論）の本質を探る」日本教育心理学会第39回大会発表論文集
葉山滉『フランスの経済エリート』２００８年、日本評論社
速水敏彦『他人を見下す若者たち』２００６年、講談社現代新書
樋口弘和『新入社員はなぜ「期待はずれ」なのか』２００９年、光文社新書
本田由紀『教育の職業的意義』２００９年、ちくま新書
前川孝雄『頭痛のタネは新入社員』２００８年、新潮新書
三浦展・原田曜平『情報病』２００９年、角川ｏｎｅテーマ21
溝上慎一『自己形成の心理学』２００８年、世界思想社
溝上慎一『現代大学生論』２００４年、ＮＨＫブックス
森健『就活って何だ』２００９年、文春新書
森口朗『いじめの構造』２００７年、新潮新書

守島基博『人材の複雑方程式』２０１０年、日本経済新聞出版社
吉野聡『それってホントに「うつ」?』２００９年、講談社プラスアルファ新書
リクルート ワークス研究所「『新卒採用』の潮流と課題――今後の新卒採用のあり方を検討する――」２０１０年、リクルート ワークス研究所
リクルート ワークス研究所「新卒選考ルネサンス――習慣化した採用選考手法を打破せよ」２０１０年、『Works』102号、リクルート ワークス研究所
和田秀樹『なぜ若者はトイレで「ひとりランチ」をするのか』２０１０年、祥伝社
ジャン・ボードリヤール『シミュラークルとシミュレーション』竹原あき子訳、１９８４年、法政大学出版局
ジョゼフ・キャンベル『千の顔をもつ英雄』平田武靖・浅輪幸夫監訳、１９８４年、人文書院
M・トロウ『高度情報社会の大学』喜多村和之編訳、２０００年、玉川大学出版部

献辞

この本を、これまで仕事で出会ったすべての方々に捧げたい。
その出会いのすべてがあって、今の「新たな私」がある。

ちくま新書
880

就活《しゅうかつ》エリートの迷走《めいそう》

二〇一〇年一二月一〇日 第一刷発行
二〇一一年 五 月一〇日 第二刷発行

著者 豊田義博（とよだ・よしひろ）
発行者 菊池明郎
発行所 株式会社 筑摩書房
東京都台東区蔵前二-五-三 郵便番号一一一-八七五五
振替〇〇一六〇-八-四一二三
装幀者 間村俊一
印刷・製本 三松堂印刷 株式会社

乱丁・落丁本の場合は、左記宛にご送付下さい。
送料小社負担でお取り替えいたします。
ご注文・お問い合わせも左記へお願いいたします。
〒三三一-八五〇七 さいたま市北区櫛引町二-六〇四
筑摩書房サービスセンター
電話〇四八-六五一-〇〇五三

ISBN978-4-480-06585-8 C0236

ちくま新書

340 現場主義の知的生産法　関満博

現場には常に「発見」がある！　現場ひとすじ三〇年、国内外の六〇〇〇工場を踏査した〝歩く経済学者〟が、現場調査の要諦と、そのまとめ方を初めて明かす。

396 組織戦略の考え方
——企業経営の健全性のために　沼上幹

組織を腐らせてしまわぬため、主体的に思考し実践しよう！　組織設計の基本から腐敗への対処法まで「これウチの会社！」と誰もが嘆くケース満載の組織戦略入門。

427 週末起業　藤井孝一

週末を利用すれば、会社に勤めながらローリスクで起業できる！　本書では「こんな時代」をたくましく生きる術を提案し、その魅力と具体的な事例を紹介する。

565 使える！　確率的思考　小島寛之

この世は半歩先さえ不確かだ。上手に生きるには、可能性を見積もり適切な行動を選択する力が欠かせない。確率のテクニックを駆使して賢く判断する思考法を伝授！

581 会社の値段　森生明

会社を「正しく」売り買いすることは、健全な世の中を作るための最良のツールである。「M&A」から「株式投資」まで、新時代の教養をイチから丁寧に解説する。

619 経営戦略を問いなおす　三品和広

戦略と戦術を混同する企業が少なくない。見せかけの「戦略」は企業を危うくする。現実のデータと事例を数多く紹介し、腹の底からわかる「実践的戦略」を伝授する。

628 ダメな議論
——論理思考で見抜く　飯田泰之

国民的「常識」の中にも、根拠のない〝ダメ議論〟が紛れ込んでいる。そうした、人をその気にさせる怪しい議論をどう見抜くか。その方法を分かりやすく伝授する。

ちくま新書

629
プロフェッショナル原論
波頭亮
複雑化するビジネス分野でプロフェッショナルの重要性は増す一方だが、倫理観を欠いた者も現れてきている。今こそその〝あるべき姿〟のとらえなおしが必要だ！

643
職場はなぜ壊れるのか
――産業医が見た人間関係の病理
荒井千暁
いま職場では、心の病に悩む人が増えている。重いノルマ、理不尽な評価などにより、うつになり、仕事は混乱する。原因を探り、職場を立て直すための処方を考える。

785
経済学の名著30
松原隆一郎
スミス、マルクスから、ケインズ、ハイエクを経てセンまで。各時代の危機に対峙することで生まれた古典には混沌とする経済の今を捉えるためのヒントが満ちている！

822
マーケティングを学ぶ
石井淳蔵
市場が成熟化した現代、生活者との関係をどうデザインするかが企業にとって大きな課題となる。著者はここを起点にこれからのマーケティング像を明快に提示する。

825
ナビゲート！　日本経済
脇田成
日本経済の動き方には特性がある。それをよく知れば、予想外のショックにも対応できる！　大局的な視点から日本経済の過去と未来を整理する、信頼できるナビゲーター。

831
現代の金融入門【新版】
池尾和人
情報とは何か。信用はいかに創り出されるのか。金融の本質に鋭く切り込みつつ、平明かつ簡潔に解説した定評ある入門書。金融危機の経験を総括した全面改訂版。

837
入門　経済学の歴史
根井雅弘
偉大な経済学者たちは時代の課題とどう向き合い、それぞれの理論を構築したのか。主要テーマ別に学説史を描くことで読者の有機的な理解を促進する決定版テキスト。